「食」の図書館

トマトの歴史

TOMATO: A GLOBAL HISTORY

CLARISSA HYMAN
クラリッサ・ハイマン【著】
道本美穂【訳】

原書房

目次

［……］は訳者による注記である。

序章◉トマトの世界は虹の国

チリの詩人、パブロ・ネルーダと、アメリカカントリー音楽のシンガーソングライター、ジョン・デンバー。一見、両者のあいだには何のつながりもないように見えるかもしれない。だが、ふたりには「トマトに捧げる詩をつくったことがある」という共通点がある。ネルーダは「トマトへのオード」という詩の中で、ありふれたものに喜びを感じ、トマトとタマネギ、オイル、胡椒、塩の組み合わせをこう表現している――「豊富な収穫物は炎のような色彩とみずみずしさのすべてをわたしたちに届けてくれる」〔『ネルーダ詩集』思潮社／田村さと子訳編より〕。一方、デンバーは、愛にも自家製トマトにも計り知れない価値がある、と味わい深い歌をうたっている。

だが、トマトはけっしてありきたりのつまらないものではない。トマトの世界は、まさに虹の国だ。さまざまな形、色、手触り、大きさのトマトがある。甘いトマト、美しい曲線を描くトマト、縦に溝が入ったトマト、房にびっしりなる硬い小さなチェリートマト、緑色のすっぱいチェリート

スライスしたトマトの断面

マト、細長い赤紫色のトマト……。完全に丸い（球形）トマトもあれば、ひどく平らな（扁球《へんきゅう》）トマトもある。楕円形、卵形、長細いもの、いくつかに分かれたトマト、ハート形や洋ナシ形だってある。豆粒ほどの小さなものもあれば、グレープフルーツぐらい大きなものもある。想像してみてほしい。同じトマトでも、まるでゾウとネズミのように大きさが違うのだ。

トマトはじつに種類が豊富で、食べ方もさまざまだ。チェリートマトやグレープトマト、カクテルトマトはおやつとして人気がある。大きなビーフステーキトマト［果肉がステーキ用牛肉の色に似た大きなトマト］は、味よりも、見た目の感じやずっしりとした重さが重視される。水分の多いトマトに少ないトマト、やわらかいトマトにみずみずしく張りのあるトマト、じつにいろいろある。果汁が濃厚であることはもちろんだが、酸味と甘み、強烈な味と淡白な

ロンドンのバラマーケット（Borough Market）に並ぶ色とりどりのトマト

トマトの5つの新種。子ども向けのカタログより。1920年。

独特な色をしたインディゴ・ローズトマト（ブルートマトの品種）

味、複雑な味とシンプルな味、これらのバランスがとれていることがおいしいトマトの条件となる。今では、色も模様もよりどりみどりだ。薄いオレンジ色、ピンク色、赤い渦巻き模様や線の入った黄色、ゴールドのジグザグ模様の入った赤色、緑色、茶色、黒、白……。ただし色と味はさほど関係がない。それに、色から味を想像しようにも、例外が多すぎてルールなどないと言える。トマト好きの人なら誰だって、自分だけのお気に入りのトマトがあるだろう。

トマトのない世界は考えられない。からみ合った緑のつるになる、ぱっと目をひく真っ赤な野菜（いや、果物というべきか）は、わたしたちの風景も食卓も変えてきた。トマトはキッチンに欠かせない食材であり、わたしたちの食生活のすみずみまで浸透している。

イタリアのロマーニャ地方では、おせっかいな人をときに「ドン・ポモドーロ（イタリア語でトマトの意味）」と呼ぶそうだ。トマトのように、どこにでも首を突っ込むからだという。それぐらい、今やトマトはいたるところにある。

トマトが世界でもっとも広く育てられている「野菜」であることは、ほぼ間違いない。北はアイスランドから、南はフォークランド諸島まで栽培されている。トマトは宇宙でも育てられており、人工衛星で地球のまわりをまわっている。しかし、トマトがこんなにも広く普及したからこそ、わたしたちはその栽培法のプラス面とマイナス面の両方の影響を受けつつある。世界的な大企業も、種子の保全という意義ある活動に取り組む団体も、この影響をまぬがれない。

トマトがたどってきたこれまでの道のりは、「変化」の一言につきるだろう。無名の野生植物から生鮮食品売り場に欠かせない日常的な食材へ、エキゾチックな果実からありふれた野菜へ、毒や媚薬《びやく》（惚れ薬）とされるものから栄養たっぷりの体によい食べ物へと、その位置づけは大きく変わってきた。農家や園芸家の何世紀にもわたる栽培化の努力のおかげで、植物の世界の片隅にいたトマトは、今や大規模に栽培され、世界中で消費されるようになった。

熟したトマトを生産するためのプロセスに、人間は徹底的に手を加え、技術革新を重ねてきた。「種子の生産、水分や肥料の管理、温度管理、授粉、栄養補給、害虫駆除、等級付け、箱詰め、流通、情報技術、消費」といったすべての分野で改良に取り組んできた。[1] やがて、生食用トマトと加工用トマトに商品が分かれ、基本的な区分けができあがった。加工用トマトの分野に携わるのは、トマ

トマト畑

スペイン・バレンシア地方のブニョールで年に1回開かれるトマト祭り

香港の屋外展示「世界のトマト」。2012年。

ト農家からトマト加工工場とそこで働く労働者、さらに大規模なトマト加工専門会社、世界中の多国籍企業や食品会社、商標や特許を管理する専門家らであり、彼らが生産したものが厖大な数の消費者に届けられる。[2] 生食用トマトのほうは規模がもっと小さいが、大枠はほとんど変わらない。だがここに、ひとつの皮肉がついてまわる。『トマトを探る *Exploring the Tomato*』の著者たちが言うように、現代の世界のトマトは、自然のものでありながら、同時に非常に人工的なものでもある。なぜならば、現代の生食用トマトには「自然に委ねている」部分などほぼ何も残っていないからである。[3]

最近では、農業を工業化するトマト生産企業や利便性重視の食品チェーンに対抗する動きが広がりを見せている。農家直売のファーマーズマーケットや在来種の保全運動などがその代表的な例だ。それはおそらく、わたしたちの心のなかに、多様なトマトが存在する食文化を願う気持ちが根強く息づいているからだと思う。そうした食文化のなかでこそ、トマトが歩んだ歴史の豊かな味わいをしっかり感じることができるのではないだろうか。わたしたちは今なお「人間が栽培するトマト」を追い求めている。

トマトと呼んでも *Solanum lycopersicum*（ソラナム・リコペルシカム）と呼んでもかまわない。本書では、トマトと人間のかかわりの歴史をひもといていきたい。

第1章◉トマトの起源

◉トマトの祖先

今では世界中どこにでもあるトマト。だが、トマトの原種――レッドカラント（赤すぐり）と同じくらい小さな実――がかつて南アメリカ大陸北西部で自生していた頃、この果肉の厚い、つややかな果実がこんなにも世界中に広まるとは、誰も予想していなかったに違いない。この原種から、子孫にあたる種がいくつか生まれ、やがて多種多様な性質を持ったさまざまなトマトに枝分かれし、世界の食の歴史とからみ合いながら大きく発展していく。つまり、これらが現在のトマト、いわゆる「人間が栽培するトマト」の祖先なのだ。[1]

植物の分類体系は何世紀にもわたって発展してきたが、トマトは現在、ナス科の植物とされている。ナス科はじつに多くの植物を含む被子植物のグループだ。ジャガイモ、ナス、タバコ、ベラドンナ［和名はオオカミナスビ。実や葉に毒を持つ］やペチュニアなどもナス科に属している。ナス科のなかでは、ナス属がもっとも数が多い。１７５３年、分類学の父と言われるスウェーデン人のカール・フォン・リンネは、トマトをこのナス属に分類し「*Solanum lycopersicum*（ソラナム・リコペルシカム）」という学名をつけた（オオカミの桃というギリシャ語に由来する）。ところがその後、スコットランドの植物学者フィリップ・ミラーが、トマトを独立した属にすべきだと主張する。そして、「*Lycopersicon esculentum*（リコペルシコン・エスクレンタム）」という「トマト属」をつくったのである（エスクレンタムは単に「食べられる」という意味）。トマトをどこに分類するかを決めるうえで、これがその後の大きな混乱の種となった。

だがこの議論は、１９９０年代初めにデビッド・スプーナーによって決着を見る。彼はトマトの分子レベルの研究をもとに遺伝的な証拠をつかみ、トマト属がナス属のなかに「包含される」ことを明らかにした。その結果、トマトは亜属《あぞく》［生物分類上の一階級。属と種の中間］としてナス属に移される。結局はリンネが正しかったようだが、ミラーのトマト属説を支持する人はいまだに多く、分類上の論争は今も続いている。この真っ赤な果実の正しい呼び方は、はたしてどちらなのか——議論を戦わせるのはかまわないが、アメリカ人の作曲家ジョージ・ガーシュインの曲「すべてを忘れよう Let's Call the Whole Thing Off」にあるように、論争は忘れて、自分が好きなほうで呼んでもよいだろう。

トマトには、たくさんの野生種が見つかっている。その多くは緑色の実をつけるが、赤や黄色に

ソラナム・ピンピネリフォリウム。別名カラントトマト。

色づくものもある。生育地はアンデス地方の太平洋岸の砂漠から、草が生い茂る谷間や湿気のある山岳地帯にかけて。ガラパゴス諸島でも確認されている。過酷な環境でも育ち、霜ですっかり枯れてしまうか根腐れでもしないかぎり、水がほとんどなくてもたいていは生きのびる。だが、大部分の野生種のトマトの個体数はとても少なく、絶滅の危機にさらされている。ペルーの先住民でアンデスの年代記を書いたワマン・ポマは、インカ帝国では野生のトマトをときどき食べていたと書いているが、それ以外の文献にトマトの記述はほとんどない。野生のトマトに毒性はないものの、アメリカの著名なトマト遺伝学者チャールズ・リックによれば、複雑な味をしている野生種の多くはひどい味だという。[2]

野生種のひとつで、現在のトマトの遠い祖先と言われているのが *Solanum pimpinellifolium*（ソラナム・ピンピネリフォリウム）だ。別名をカラントトマト（すぐりトマト）ともいう。成長すると大きな茂みになり、枝には真っ赤な小さな実をつける。実は熟れると割れて、細かい種がこぼれ落ちる。雑草のように繁殖力が旺盛で、チリ北部からペルーやエクアドルにかけて幅広い範囲で見られる。ほかにも *Solanum cerasiforme*（ソラナム・セラシフォルメ）、いわゆるチェリートマトという野生種もある。ソラナム・ピンピネリフォリウムから派生したと考えられているが、両者の区別ははっきりしない。チェリートマトは南アメリカ大陸以外で見られる唯一の野生種で、ほかの野生種と比べて、現在栽培されているトマトに遺伝的にとてもよく似ている。だが最近の研究によれば、栽培トマトの「祖先」というよりも、野生種と栽培種の交配種のようだ。[3]

さまざまなソラナム・セラシフォルメ。別名チェリートマト。

トマティーヨは今でもメキシコ料理でよく使われるが、トマトとは関係がない。

そもそも現在のトマトはどのように誕生したのだろうか？　じつは、その詳細はわかっていない。民族植物学者や遺伝学者は、トマトの栽培がどこで始まったのか、その地理的な中心地を突き止めようとしてきた。最初は、アンデス地方で一種の前栽培化、つまり野生のトマトを育てる栽培が始まったと考えられている。その後、メソアメリカ［メキシコと中央アメリカ北西部］に場所を移して栽培が続けられた。野生のトマトの種子や草は、雑草として風にのって、あるいは鳥や野生動物、先住民によって北へと運ばれていったのだ。食の歴史研究家レイチェル・ローダンは、オルメカ人［紀元前1500年頃から前400年頃にメキシコ湾岸で栄えた民族］の村ではカカオのやぶやアボカドの木に囲まれた森の狭い土地に、豆、カボチャ、トマト、トウガラシが植えられたと書いている。[4] また、食の歴史にくわしいアンドルー・F・スミスは、同じ頃に遺伝子の突然変異がおこり、それまでより大きく、表面がでこぼこした、いくつかの部屋（子室《しつ》）を持つトマトが生まれたのだろうと述べている。[5]

それから長い時を経て、15世紀のアステカ時代に、現在のメキシコのプエブラ州とベラクルス州のあたりで栽培化の大きな波が起こった。アステカ族がトマトを食に採り入れたのである。豊富に手に入ったトマティーヨ（学名 *Physalis philadelphica*）とさまざまな点で似ていたために、受け入れやすかったのだろう。トマティーヨ、別名ハスクトマト――実はトマトではなく大型のホオズキ――は、アステカ族にとって当時から身近な土着の食べ物だった。野生のものもあれば、栽培もされており、一般にサルサ［液状の調味料。ソース］に使われていた。植物学者のJ・A・ジェンキンスによると、「アステカ族やまわりの民族にとって、トマティーヨは間違いなく最初のトマトだった」のだ。[6] だが、トマトはけっして重要な食べ物ではなく、トウモロコシ畑の片隅で育てられていただけだった。ただしトマティーヨと比べると腐りにくく、見た目も色鮮やかだったので、トマトは最終的にはトマティーヨとの闘いに勝利した。そして、世界中の人々に愛される食べ物としての地位を築いていくことになる。

●トマトの語源とアステカ族

ここで、トマトの語源を紹介しよう。「トマト tomato」という言葉は、アステカ族の使うナワトル語のトマトゥル（tomatl）に由来する。薄い皮に包まれた、水分の多い果肉と種のある、球形の果実やベリー類の総称である。フランシスコ会修道士のアロンソ・ド・モリーナ司祭が編纂したスペイン語／ナワトル語の辞書（1571年）には、「煮込み料理やソースに酸味を加えるために用いられる果実」と書かれている。ナワトル語の名詞は「tl」で終わる場合が多いが、スペイン語に取り込まれたとき、この接尾語は「te」に置き換わった。つまり、トマトゥル（tomatl）がスペイン語のトマテ（tomate）になった。

少なくともヨーロッパ人にとっては意外なことだが、メキシコの一部の地域では、薄い殻の付いた緑色のすっぱいトマティーヨのほうをトマテ（tomate）と呼ぶ。おもに赤いトマトのことは、皮をむいたトマトを意味するシトマトゥル（xitomatl）またはヒトマテ（jitomate）という。残念ながら、この地域の先住民の生活を描いた16世紀の年代記では、トマテとシトマトゥル、あるいはヒトマテとを区別していないものがある。トマテ（tomate）という言葉の意味が曖昧になったのはそのせいだろう。

たとえば、ベルナルディーノ・デ・サアグンの『ヌエバ・エスパーニャ概史 *The General History of the Things of New Spain*』は、16世紀初頭のスペインのメキシコ征服についてナワトル語とスペイン語で書かれた絵文書だが、この本からは現地の市場にトマトとトマティーヨが両方並んでいたことがわかる。フランシスコ会修道士だったサアグンは世界初の人類学者とも言われ、アステカ族の生活のさまざまな面を描き出した。トマトについても、赤いトマト3種類とトマティーヨ7種類を細かく生き生きと描写している。だが、文章のほとんどが散文詩のため、どのトマトを指しているのかははっきりしない。

大きなトマト、小さなトマト、緑色のトマト、葉のようなトマト、ほっそりしたトマト、甘いトマト、大蛇のようなトマト、乳頭型のトマト、黄褐色のトマト、砂色のトマト。黄色、濃い黄色、黄色がかった色、赤、濃い赤、真っ赤、鮮やかな赤、赤みを帯びた色、夜明けのバラ色など……[7]

また、「傷んだトマトを売る商人」もいたという。「腐ったトマト、傷のあるトマト、食べると下痢になるトマト」などとも書いてある。サアグンによれば、トマトは鶏肉やエビの煮込み料理で重宝され、露店商が売り歩くトルティーヤにも入っていた。その光景は目に浮かぶように描かれている。

露店商は食べ物やソースを売っている。辛いソースもある。揚げ物、煮込み、しぼり汁、しぼり汁のソース。きざみものにはトウガラシ、カボチャの種、トマト、燻製のトウガラシ、激辛トウガラシ、黄色いトウガラシが混ざっている。辛くないレッドチリソースや「鳥の糞」のようなソース……。焼き豆、煮豆、マッシュルームソース、小さなカボチャのソース、大きなト

マトのソース、普通のトマトのソース、すっぱい薬草のさまざまなソース、アボカドソース……[8]

それから数年後、16世紀のイエズス会宣教師であり博物学者のホセ・デ・アコスタは、メキシコで赤いトマトを見たと著書に書いている。メキシコの食文化にくわしいジャネット・ロングによると、大きくてみずみずしく、新鮮で健康によさそうというアコスタの描写からすればトマトに間違いないという。このトマトはおいしいソースにもなれば、生でも食べられた。[9]

栽培トマト――へそ［へたの反対側にある、果実の先端部分］のある丸々としたトマト――を初めて研究目的で記録したのは、フランシスコ・エルナンデスだった。博物学者で、スペイン国王フェリペ2世（在位1556～1598年）の侍医だったエルナンデスは、赤いトマトよりもトマティーヨに興味を持った。著書のなかで、さまざまな種類のトマティーヨとその調理法や薬効を5ページにわたって取り上げている。だが、トマトの章にトマティーヨの挿絵が載っているために、このせっかくの観察の信憑性が損なわれてしまったのは残念だ。[10]

同じ頃、新たに創設されたメキシコ大学のフランシスコ・カラバンテス・デ・サラザール司祭は、1544年にトマトについて書いている。砕いたカボチャの種と一緒にソースやシチューにトマトを入れると、トウガラシの辛みを抑えてさわやかな酸味が加わるという。また1632年には、スペインのメキシコ征服について書き残したベルナル・ディアス・デル・カスティリョもトマトに

モルカヘテ（石うす）でつくられるメキシコのトマトサルサ

ついて触れている。スペイン人がベラクルスからテノチティトランまでメキシコ内陸に進んでいたときのこと、先住民がトウガラシ、トマト、塩を入れた鍋を手に「我々を殺して肉を食べ」ようとしたという。何とも食欲の失せる話だ。カスティリョは、アステカ族が生贄《いけにえ》の手足をトウガラシ、トマト、ワイルドオニオン、塩でつくったソースで食べたとも書いている。ジャネット・ロングが指摘しているとおり、現在たいていのメキシコ人家庭で使われているサルサ・メヒカーナ［赤いトマト、白いタマネギ、緑のトウガラシというメキシコ国旗の3色を入れたサルサ］の材料とほとんど同じだった。[11]

◉スペイン人探検家たち

ところで、スペイン人は新世界の食べ物をすんなり受け入れたのだろうか？　当時の屈強なスペイン人探検家たちは、おそろしい戦士や冒険家だったかもしれない。海賊行為をする残虐な男たちだったかもしれない。だが、新しい食べ物については彼らは用心深く、保守的だった。異国の見知らぬ食材を見ても、安全で食べ慣れたヨーロッパの食文化を離れようとしなかったようだ。調理法を間違えて食あたりにでもなったら大変、というわけだ。見慣れないものには手を出さない、信仰心のない先住民の食べ物などごめんだ、そもそも食べたら死ぬかもしれない。彼らはそう思って慎重になったはずだ。実際、キャッサバ［中南米原産のデンプン含有量の多いイモ］を食べたスペイン人は、毒にあたってひどく苦しんだという。皮をむく必要があることを知らなかったのだ。トマトもはじめは謎の食べ物だったのだろう――見た目は果物なのに、酸味が強すぎて果物とは言えなかったのだから。

おそらくスペイン軍の歩兵も現地の食べ物を好んで食べようとはしなかった。しかし、金持ちや権力者の宮殿、修道院、町の邸宅、大農園では少し事情が違っていた。レイチェル・ローダンはこう述べている。「ヨーロッパ人がメソアメリカ料理をいくら嫌がっても、先住民と結婚したり先住民を召使いにしたりするなかで、征服者と先住民の料理を完全に別物にしておくことなどできなかった」。ローダンは、興味深い融合スタイルとして、18世紀のカトリック系クリオーリョ［中南米生まれのスペイン人］の料理を挙げている。メキシコのトマトとトウガラシを入れた鶏肉の蒸し煮「メスティーゾ」（混血という意味）は、まさに「民族融合」料理だった。[12]

一方、歴史学者レベッカ・アールは少し違う見方をしている。ほとんどの入植者は現地の食べ物をまったく口にしないのは難しいとわかっていた。だが、あまりにも熱心に現地の食を受け入れた者たちは、「トウガラシやトマトを食べるインディアンのあいだを渡り歩いている」と非難され、白い目で見られたという。[13]

とは言うものの、入植者たちは母国スペインに帰れば、新世界から持ち帰った戦利品をしきりに自慢した。彼らはめずらしい植物や貴重なスパイス、外来種の動物などを、冒険を支援してくれた支配者に献上した。そして、そうしたスペイン人のなかに、クリオーリョ料理の味を覚えて帰った者がいたのは間違いないだろう。こうして、新世界の食材や料理はスペインのみならず、スペイン語圏やポルトガル語圏にゆっくりと広まっていった――カリブ海の国々やフィリピン、インド、トルコとオスマン帝国へ、そして、西からはもちろん東からも、ヨーロッパへと入っていった。侵略者の軍隊、探検家、宣教師、商人たちの力を借りて、トマトの世界進出が始まったのだ。

第2章◉新世界から旧世界へ

◉エキゾチックな珍品

1523年、メキシコ征服が完了した。メキシコは完全に制圧され、ベラクルスとスペイン第一の港セビリアのあいだには、「シルバールート（銀の道）」と呼ばれる定期航路が開かれた。だが、トマトの苗や種子がいつ、どのように運ばれたのかはわかっていない。苗では長い航海に耐えられないため、おそらく種子で運ばれたのだろう。新世界の味に慣れ親しんで育ったスペイン人がわざわざ持ち帰ったのかもしれない。あるいは、積み荷や荷物に偶然入り込んで海を渡ったのかもしれない。

くわしい経緯は、たぶん今後もわからないだろう。温暖な地中海性気候はトマトの生育には適していたが、トマトは当時、貿易品としてはたいして重要ではないと考えられていた。多くの外来植物が新世界からやってきたものの、記録されることはなかったからだ。それらは畑に植えられ、果実は生のままで——少し塩をつけたかもしれない——食べられていたが、それが一体何の植物なのか、植物学者が突き止めたのはずっと後になってからのことだった。[1]

17世紀になると、トマトはやっと上流階級の人々の菜園で広く栽培されるようになる。観賞植物として、あるいは薬草として、トマトはエキゾチックな珍品とされた。新世界で生まれた植物と聞けば、さらに価値が高まった。だが、トマトの食材としての実力はまったくの未知数だった。緑色のものは酸味が強すぎて食べられない。熟してしまうと腐りやすい。加熱するとくずれてしまう。淡い色をした花も、強烈な匂いのする葉——現在の品種よりはるかに匂いが強かった——も、取り立てて魅力的というわけではなかった。また、トウガラシやジャガイモと同様に、麻酔作用や幻覚作用のある植物が多いナス科に分類されたがために、怪しい植物とも見られていた。

当時のさまざまな文献で、トマトはどう扱われていたのだろうか。１５９２年、スペインのアランフェス王立植物園の園芸家だったグレゴリオ・デ・ロス・リオス司祭は、園内の植物のうち新世界が原産のもの16種を書き出している。そのなかにはトマトもあり、リオスは「ポマテ（pomate）」と呼んでいた。[2]縦の溝で区切られた小さな部屋にわかれていて、赤く色づいて種ができること、２～３年は生きて、水がたっぷり必要なことなどを説明している。ソースにするとおいしいと言われているがまだ試していない、とも書いている。[3]

また、セビリアのラ・サングレ病院の仕入帳には、１６０８年にトマトを買った記録が残って

縦に溝が入ったスペインのトマト

いる。修道院の料理人がトマトを日々の食事に採り入れようとしていたのだ。もっとも、これ以降そうした記録はないようなので、これが最初で最後だったのかもしれない。[4]

1659年になると、モンティーリャのアギラール家の記録に、昼の献立として鶏肉のトマト添えと固ゆで玉子つきトマトシチューが載っている。買い物リストにも、トマトは頻繁に登場するようになった。[5] だがこうして見てみると、スペイン黄金時代（16世紀中頃から17世紀中頃まで）の料理や家庭についての文献には、トマトはあまり登場しないのが興味深い。新世界から海をわたってきたトマトは、食材としてすぐに使われるようになったわけではないようだ。

トマトの歴史にくわしいジーン・アラードは、その理由をいくつか挙げている。まず、

版画家マテウス・メーリアンによるセビリアの地図。1638年。

料理書とはそもそも、長いあいだつくられてきた料理のポイントをまとめたものだ。王に仕える料理人は、若い頃から王宮の厨房で修業を積み、主人の味覚や好みを知りつくしている。未知の食材は何度も徹底的に試してからでないと食卓にはまず出さない。つまり、新しい食材は料理書ではあまり取り上げない。ふたつめの理由は、新しく持ち込まれたこれらの植物は、今ほどおいしくなかった可能性が高いためだ。先述のサラザール司祭によると、トマトはすっぱいブドウのような味がしたらしい。また、当時の富裕層の食事では、野菜やサラダの役割は肉に比べてとても小さく、野菜は不健康と考える人も多かった。とりわけ、人が栽培したのではない——自然に生えている——野菜はそう思われていた。[6] 16世紀末にカスティーリャ王国のフランシスコ・ヌニェス・デ・オリアは、サラダや野菜を食べる人は「顔色が悪く、虹のすべての色が混じったような顔色をしている」と述べている。[7]

そして最後の理由は、トマトが手に入りやすくなったためだ、とアラードは言う。トマトはもはや、高い地位の象徴ではなかった。スペインの上流階級のキッチンでは七面鳥やチョコレートが幅をきかせていたから、トマトの存在が目立たなくなったのも当然だった。メキシコから移住してきた富裕層でさえ、トマトには目もくれなかった。トマトを食べるのは、もっぱら農民や下層階級（あるいは修道士）ばかり。特にアンダルシア地方ではその傾向が顕著だった。スペインとメキシコを結ぶ重要な港がある地域——そう、セビリアだ——でさえ、そんな状況だった。[8]

●トマトの普及

だが、トマトは着実に普及しはじめていた。スペインの歴史を研究するキャロリン・A・ナドーによれば、トマトは17世紀のあいだ、サラダや温野菜として、あるいはソースにして食べられていた。トマトの普及は、詩や演劇、絵画にあらわれている。[9] 16世紀から17世紀にかけて、スペインの作家たちは新世界から来たあらゆるものに夢中になり、スペイン系インディアンの言葉を好んで使った、とジャネット・ロングは述べる。[10] たとえば、スペインの劇作家ロペ・デ・ベガの『8番目の不思議 *The Eighth Wonder*』（1618年）では、登場人物は旬のトマトを食べる喜びを熱く語っている。同じく17世紀のマドリッド生まれの劇作家アグスティン・モレートの『テントウムシとの出会い *El Entremés con Mariquita*』には、スパイシーなトマトソースを添えたプッチェーロ（スペイン系シチュー）が登場する。[11] そして同じ頃、ティルソ・デ・モリーナの『医者を愛する *Love the Doc-*

ルイス・エジディオ・メレンデスの描いた油絵『アーティチョークとトマトのある静物』。1770年代初頭。

tor』では、バラ色の頰をしたトマトサラダについて、「時には甘く、時には熱っぽく」というきわどいせりふで表現し、観客の欲望をかきたてた[12]。

トマトは絵画にも描かれた。ムリーリョがセビリアのフランシスコ会修道院のために描いた『天使の台所 *The Angels' Kitchen*』（1646年）の隅に、カボチャや天使たちと一緒に描かれているのは、まぎれもなくトマトである。ほかにも17世紀のさまざまなスペイン絵画にトマトは登場する。ファン・バン・デル・アメンの『ポモナとベルトムヌス *Pomona and Vertumnus*』『果物カゴと菓子のある静物 *Still-life with Fruit Bowl and Sweets*』、フランシスコ・バレラの『7月 *The Month of July*』。そして、ルイス・メレンデスは『アーティチョークとトマトの

ある静物 *Still-life with Artichokes and Tomatoes in a Landscape*』をはじめとした数々の作品で、たしかにトマトを描いている。[13]

17世紀後半、スペインの黄金時代は終焉に向かった。モリスコ――キリスト教に無理やり改宗させられたイスラム教徒――を追放したために農業生産が落ち込み、スペインは深刻な食料不足に陥った。飢饉とペストの再流行で多くの命が失われた。そんな時代に、トマトは食生活にますます浸透していく。文献の数は少ないが、トマトは富裕層の食卓にも、貧しい人々の食卓にものるようになったと記録が残っている。富裕層はトマトの味を好むようになった。一方貧しい人々は、必要に迫られトマトを食べるようになった。いずれにせよ、トマトはすっかり普及し、国中で盛んに栽培されるようになった。とりわけスペイン南部ではトマトは一年中栽培できるため、朝食によく食べられていた。赤いトマトとピーマンの揚げ物は、夕食の一皿として人気があったという。[14]

スペイン帝国が崩壊すると、料理のレシピなどは後まわしにされたのだろう、この時期は料理書はほとんど書かれていない。ただしまったくないわけではない。マリア・ロサ・カルヴィーロ・デ・テルエルの『シチューと菓子の料理法 *Book of Notations on Stews and Sweets*』（１７４０年）ではトマトのレシピが十数個紹介され、[15] 宮廷パティシエのファン・デ・ラ・マタの『菓子のつくり方 *The Art of Confectionery*』（１７４７年）にはトマトソースのレシピがふたつ出てくる。料理書以外の資料も少ないが、こんな記録もある。バレンシア地方のコーパス・クリスティ・カレッジのキッチン会計簿には、たとえば１７４６年1月14日の土曜日に、夕食のために「カルドン［アーティチョー

ガスパチョ。一般的にはトマト、ピーマンなどの生野菜でつくられるアンダルシアの冷製スープ。

クの野生種で茎を蒸して食べる」、ニンニク、トマト、大きなピーマンを3つずつ」購入したと書いてある。また、その後1765年にバレンシア地方で出版された農業書では、トマトの栽培法をくわしく説明している。[16]

18世紀の半ばになると、新たな階層として力をつけた商人がトマトの普及を促し、トマトは地域のシンプルな料理や食材と組み合わせて使われるようになった。1745年に、スペイン人のフランシスコ会修道士ファン・アルタミラスが『スペイン料理の最新レシピ集 *The New Art of Cookery*』を出版する。これは庶民のための健康的でおいしいレシピ集だが、家庭でおなじみのレシピにトマトを加えることで、色鮮やかで刺激的な料理になる例を挙げている。ガスパチョや鱈《たら》の塩漬けといったこの地の伝統料理に、トマトは徐々に取り入れられていった。

アルタミラスは、スパイスの代わりにトマトやニンニク、レモンを使うことがあった。小さな工夫だが、これがやがてスペイン料理に大きな影響を与えていく。また、酸味のある調味料として、ライムやオレンジ、ヴェルジュ（未熟ブドウのジュース）の代わりにトマトを使った。スペイン料理研究家でイギリス人のビッキー・ハイワードはこう言う。「なぜアルタミラスは、トマトをソースのメインの材料ではなく、調味料として使うという斬新なやり方をしたのか、わたしたちにはわかりません。おそらく料理の数をできるだけ増やして、味の幅を広げたかったのかもしれません」。理由はともあれ、アルタミラスはトマトに夢中だった――だからこそ、子羊の蒸し煮にトマトを入れるレシピを紹介して、こんなふうに語っている。「おいしくて思わず指までなめてしまうだろう――もちろん、あなたがマナーにうるさい人でなければだが[17]」

第3章 ◉ イタリアに広まるトマト

◉黄金のリンゴ

トマトへの関心は高まりつつあったが、新鮮な果物や野菜を好む風潮がスペインよりも広まっている地域があった。イタリア半島である。16世紀後半、人口が増加し、飢饉が続くなか、人々はアメリカから来た新しい食べ物をおそるおそる口にするようになる。だがそんなイタリアでも、トマトが食生活の中心に入っていくのは容易ではなかった。なにしろトマトは風変わりな果実だった。奇妙な見た目、これまでにない食感。そして、緑色のうちはすっぱくて硬すぎるのに、熟れるとすぐにぶよぶよとやわらかくなってしまうのだ。[1]

当初、植物学者たちは薬草を求めて、新世界の植物に興味を持った。すばらしい薬効を持った植物を探し出しては、これらを「植物誌」にまとめて細密な木版画にした。イタリアの植物学者たちのこうした努力のおかげで、トマトは食材としての一歩を踏み出すことになる。新大陸からやってきた新参者の植物がやがて、丈夫な厚い皮をした、大きくてなめらかな、食欲をそそる果実へと変わっていった。

だが、トマトを食べる習慣はなかなか浸透しなかった。1548年に、フィレンツェの名門メディチ家のコジモ1世――新しい植物に敏感な人だった――は、宮殿でカゴいっぱいのトマトを受け取ったという。メディチ家のガロの私有地からの贈り物だった。どんな種類のトマトだったのか、そのトマトをどうしたのかはわかっていない。[2] おそらくコジモ1世も家臣たちも、異国のめずらしい観賞植物として、食べずに眺めて満足したのだろう。

16世紀の植物学者ピエトロ・マッティオリは、トマトを「マールム・アウレウム（malum aureum）」、つまり黄金のリンゴと呼んだ。当時のトマトはそれに近い色をしていたようだ。マッティオリはこう書き残している。「つぶすとピンク色のリンゴのようになるトマトもあれば、切るとひとつひとつが薄緑色のトマトもある。熟れると、血のように真っ赤になったり黄金色になったりする」。また、「トマトはナスと同じように料理する。油で炒めて塩とトウガラシで味つけする」とも書いている。つまり、トマトは野菜のように食べる果実だったのだ。マッティオリと同時代の植物学者コンタンツォ・フェリチは濃い黄色や鮮やかな赤い色をしたこの果実について、「わたしの好みからすれば、食べるよりも目で楽しみたい」と述べている。[3]

このように、旧世界の人々はトマトの魅力に気づいていなかった。まだ判断しかねていた。ひとつには、トマトがナス科に属していたからだろう。ナス科の植物にはベラドンナ、悪臭のする草、ヒヨス、ズルカマラなど、毒を持つものがある。さらに悪いことには、マッティオリが誤ってトマトをマンドレイク［ナス科の薬草。引き抜くと悲鳴をあげるという伝説がある。マンドラゴラとも］の一種に分類した。マンドレイクは、黒魔術、魔女、怪物、死にかかわる植物で、媚薬《びやく》（惚れ薬）の効果を持つとされていた。別の名を「マラ・テレスティア（mala terrestia）」、つまり大地のリンゴという。トマトにとってはまったく不幸なことだが、植物学者のこの間違いが、その後何世紀にもわたってトマトを食用から遠ざけてしまう。

　トマトが媚薬とかかわりがあるという間違った認識が生まれたのは、ベルギー・フランドル地方出身の植物学者レンベルト・ドドエンスのせいでもあるようだ。ドドエンスはマッティオリと同じ頃に出した著書で、トマトを「ポマ・アモリス（poma amoris）」と呼んだ。フランス語や英語にすると、愛のリンゴ。このイメージがトマトへの人々の妄想をかき立てた。17世紀は愛についての俗説が特に広まっていた時代で、「トマトには恋を成就させる力があり、愛を意のままに操《あやつ》るのにふさわしい優美な美しさがある」、だから愛のリンゴと呼ぶのだと言われていた。[4]だが、これはどう考えてもおかしい。イタリアの食の研究家デイビット・ジェンティルコアが言うように、トマトが持つ「体を冷やす」とされる性質は、欲望を燃え上がらせるのではなく、むしろ鎮める効果をもたらさなければならない。[5]アメリカ人やイギリス人がトマトに媚薬効果があると考えていた証拠がそもそも見あたらない、とアンドルー・F・スミスも主張している。[6]

ピエール＝オーギュスト・ルノワールの描いた油絵『ズッキーニとトマトとナス *Courgettes, Tomatoes and Aubergines*』。1915年。

当時のイタリアでは、トマトは「ポモ・ドーロ（pomo d'oro）」、つまり黄金のリンゴとして知られていた。最終的には、それがイタリア語の「ポモドーロ（pomodoro）」（トマトの意味）になった。これは、ギリシャ神話で名高いヘスペリデスの園［ギリシャ神話で西の果てにある園。乙女たちが黄金のリンゴを守っている］と無関係ではあるまい。ルネッサンスはその叙情主義は別として、人文主義という点では古代ギリシャ・ローマ時代とのつながりを大切にしていたため、このような言葉が生まれたのだろう。[7] 一方、トマトの歴史を研究するルドルフ・グレーヴェは別の説を唱えている。ナスを意味する言葉「ポム・デ・ムール（pomme des Mours）」（ムーア人の果実）が、似たような「ポム・ダムール（pomme d'amour）」（愛の果実）に変化し、これがイタリア語のポモドーロ（pomodoro）になったのではないかというのだ。[8] どちらにせよ、ロマンチックな国とはけっして言えないドイツとイギリスでも、長いあいだ、詩的な呼び名が与えられていた——トマトはドイツ語ではリーベスアプフェル（Liebesapfel）、英語ではラブ・アップル（love apple）（どちらも「愛のリンゴ」の意味）と呼ばれていた。しかし結局、これらの呼び方に代わって、ナワトル語のトマトゥル（tomatl）から変化した言葉が世界中で使われるようになったのである。

17世紀、トマトを食べ物として推奨していた人はほとんどいなかったが、そのひとりがローマ貴族フェデリコ・チェージである。植物に興味がある彼は、フランシスコ・エルナンデスの研究をもとに挿絵入りの草本誌を取りまとめた。当時トマトを食べていたのは、食い意地が張っていたか、新しもの好きか、あるいは単に貧しくて食べるものがない人々だけだった。だが、なぜトマトを食べないのか、という疑問にもっとも明快に回答したのはメルキオール・セビジウスだ。1650年の著書『食べ物が持つ力 *On the Faculty of Food*』にこう書いている。「トマトはとても冷たくて水分があるので、トウガラシと塩で味つけして油で料理しなければならない。それなのに、我が家の料理人ときたら断固としてトマトを嫌がるのだ。トマトは今や、菜園で簡単に大量に育てられるにもかかわらず[9]」

スペイン系ユダヤ人のコミュニティーもトマトを受け入れた。ユダヤ人のコミュニティーはルネッサンス期にイタリア全土で拡大し、とりわけリボルノで栄えた。リボルノは、北アフリカや地中海南岸のコミュニティーとの貿易ネットワークの中心地だった。トマトは、ユダヤ人のあいだでよく

コッラマトのアントニオ・ラティーニを描いた挿絵。1692年頃。

使われた。油で揚げた鱈《たら》とトマトシチューはユダヤ人オリジナルのレシピのひとつで、今日でも人気がある。[10] おそらく、8世紀から15世紀にかけてのレコンキスタ［キリスト教徒がイベリア半島をイスラム教徒から取り戻すための国土回復運動］によりスペインから追い出されたアラブ人が、イタリア南部に流れ込んだ際にトマトを持ち込んだのだろう。

1660年代にイタリア全土を旅したイギリス人の博物学者ジョン・レイによると、トマトはカボチャと一緒にトウガラシ、塩、油で料理されていた。まさに、エルナンデスのメキシコの記録を思い出させる調理法だ。だがジョン・レイの説明では、イタリア人はそれを食べるのではなく、皮膚病を治すために肌に擦りこんでいたらしい。[11]

その頃、ナポリのスペイン総督府に仕える給仕長アントニオ・ラティーニが『現代の給仕長 *The*

Modern Steward』という2巻本を出版した（1692〜94年）。この意欲的な本は、南イタリアの特産物や新世界の食材を使い、スパイスよりもハーブを多用している。ナス、カボチャ、トマトのスープはもちろん、出版物としてはトマトソースのレシピを初めて紹介した。これはトウガラシが入ったソースで、名前はアラ・スパニョーラ（alla spagnuola）、つまり「スペイン風ソース」。だがイタリア研究の専門家ジョン・ディッキーは、ラティーニのトマトの扱いについてはやや否定的な見方をしている。「ラティーニは当時の人々と同様に、トマトの本当の魅力に気づいていなかったようだ。『肉の煮込みなどに合うとてもおいしいソース』と一応書いてはいるが、トマトについて触れているのはその1か所だけだ[12]」

やがて、トマトソースにトウガラシを使わないレシピが登場する。メソアメリカの料理に欠かせなかったふたつの象徴的な食材——トマトとトウガラシ——が、このときから別々の道を歩むことになる。トマトはトウガラシと離れて、ヨーロッパのさまざまな食材と一緒に、伝統料理に使われるようになった。1742年に、クエーカー教徒［キリスト教プロテスタントの一派キリスト友会の信者］の商人ピーター・コリンソンがこんな記録を残している。「愛のリンゴとも呼ばれるトマトは、イタリアではとてもよく使われている。完全に熟したトマトをブイヨンやスープに入れると、さっぱりした酸味が加わる[13]」

「トマト *Lycopersicon galeni*」のイラスト。ジョルジオ・ボネリ『ローマの庭 *Hortus Romanus*』（1772年）より。

アルフレド・ドレフュスの支援者ヨセフ・ライナッハがトマトで攻撃されるようすを描いた挿絵。『ル・プティ・ジャーナル *Le Petit journal*』（1900年7月15日）より。

◉イタリア再統一の食のシンボル

こうしてトマトはイタリアの食事に急速に入り込んでいった。それと並行するように、トマトの栽培はヨーロッパの風土に順応し、ヨーロッパの食文化そのものが変わっていった。トマトを食べる習慣は北へ北へと広がり、医学、科学の分野ではトマトの消化に関する新しい考え方が普及していった。たとえば、医師であり植物学者でもあったジョヴァンニ・トッツェッティは、１７５９年に、トマトを「食べ物としても、調味料としても摂取するべき果実」だとした。[14] １７７３年には、料理人のヴィンチェンツォ・コラードが『粋な料理人 The Gallant Cook』という本を出版する。ベネディクト会修道士だったコラードが、イタリア半島をくまなく旅して集めたさまざまな地域のレシピ集である。牛乳・バター・砂糖・シナモンで煮た子牛の肉や米のトマト詰め、トマト・卵・リコッタチーズのコロッケ、酢・ニンニク・ヘンルーダ［独特の香りと殺菌作用を持つハーブ］を加えた香りの強そうなトマトソース（羊肉に添えるソース）などが紹介されている。アンチョビ・パセリ・オレガノ・ニンニクと一緒に焼いたトマトのレシピは驚くほど現代的だ。

当時の新しいレシピの多くは修道会から始まった。コラードの本は、修道士たちのあいだで最新のベストセラーのように広まったのだろう。まもなく、ローマのイエズス会修道士たちは、肉を食べない金曜日［カトリックの習慣では金曜日に肉を食べない］にはトマトフリッタータ（イタリア風オムレツ）を食べ、トラーニのケレスティヌス修道会の修道女たちは、トマトのブロデット（魚介

ナポリ近郊でほかの作物とともにトマトを育てる農民。銅版画。1870年代。

イタリア南部、天日干しのドライトマト

のスープ）をするようになった。シチリア島カタニアの人々は、トマトとハーブを詰めたパイ、モルタレットをつまんだ。特にサルデーニャ島では、園芸家たちがトマトを天日干しする技術まで編み出し、そのおかげでトマトは冬のあいだも食べられるようになった。ほかにもサルデーニャ島では、トマトを酢のような調味料として保存する技術も生まれ、人気を博した。[15]

19世紀になる頃には、トマトは大量に生産され、非常に安く売られるようになった。路上では大道芸人がトマトを投げ合う芸を披露していた。イギリスの造園家ジョン・クラウディス・ラウドンは、「ローマやナポリ周辺の畑は一面がトマトだった。夕食にはほとんど毎日、何らかの形でトマトが出てきた」と語っている。[16]おもしろいことに、ナポリでは、食卓にトマトが頻繁に登場するようになったのと同じ頃に、肉や穀物の消費が減ったという。もっとも、貧乏な人々は、熟れすぎていたり少々腐っていたりしたものも含め、もともと野菜ばかり食べていたのだが。

ジュゼッペ・ガリバルディ率いる千人隊［小国に分裂していたイタリアの統一を目指した義勇軍。構成員が約1000人だった］の活躍（1860～61年）を経て、トマトはついにイタリア半島全域に広まった。ガリバルディはブルボン家が支配するシチリア島を解放し、イタリア統一に大きく貢献した。ひとつになったイタリアで、多様な人々の結束と融合を促した食材、それがトマトだった。イタリア人の歴史家ピエーロ・カンポレージは次のように書いている。

トマトは長いあいだ、イタリアの食卓でないがしろにされ、怪しい食べ物と見られ、ほんの小さな役割しか与えられなかった。しかし今では、ジャガイモよりもはるかに一般的な食材だ。18世紀のイタリア料理の枠組みを打ち破る、画期的な新しい食材になった。[17]

言ってみれば、トマトはイタリア再統一の食のシンボルになったのである。そして、大規模な栽培化への道を歩きはじめた。

◉保存

トマトを保存するためのもっともシンプルな方法は、ドライトマトにすることである。この方法は、1868年にシチリア島で初めて記録されている。完全に熟れる前のトマトを収穫して丸ごと天日干しにすると、数か月間糖度を保つことができた。やがて、ほかの方法も普及した。新鮮なトマトをきざんで長時間煮込み、ろ過して種と皮を取りのぞく。この濃厚な黒味がかったソースを、屋外で定期的にかき混ぜながら乾燥させれば、赤黒いトマトジャムのできあがり。パンに練りこんで、ワックスペーパーに包んで食べたという。

1880年代に穀物の価格が暴落し、南部のナポリとサレルノ周辺、北部のパルマとピアチェンツァ周辺の多くの農家は、主力作物としてトマトに注目するようになった。フランス人のニコラ・アペールがすでに発見していた食品の瓶詰め技術のおかげで、ナポリ周辺ではホールトマトの缶詰を生産できるようになった。パルマ周辺では、もっと高度な加工工場で、濃縮果汁、ペースト、果

イタリアの濃縮トマトピューレ（ペースト）

肉、ピューレの缶詰の生産に力を入れはじめた。1874年には、地域の農家のグループがイタリアで最初のトマト加工会社を立ち上げている。「保存トマト生産のための農家団体」という名の会社で、早くも1880年代には、イギリスとアルゼンチンに販売していた。[18]

1920年代になると、ペラーティという、皮つきトマトを丸ごと果汁の中に漬けた缶詰の市場が成長した。数年のうちに、加工に最適な品種としてサン・マルツァーノが知られるようになり、1925年には約140社のトマト加工会社が操業していたようだ。商品のほぼ3分の2は輸出用だ。多くのイタリア人にとって、乾燥パスタとトマトの缶詰は値段が高すぎたため、国内市場は限られていた。しかし、やがてチリオなどのブランドが商品を安く生産できるようになり、国内での売り上げが伸びていく。同時に、トマトの缶詰、トマトペースト、濃縮トマトなどが海外市場にさらに広く輸出されるようになった。

ムッソリーニの時代には、「食の問題を克服せよ」という方針のもと、料理はソーシャル・エンジニアリング［政治団体が大衆の社会的態度や行動に影響を及ぼそうとすること］のひとつの手段になった。文化や政治の特定の考え方を奨励するための道具として、料理が使われたのだ。指導者ムッソリーニは、食料の輸入依存度を下げなければならない、必要な栄養をとれるかぎり食料の自給が大切だ、と主張した。食料統制も厳しくなった。また1936年には、なんと3000人を超える参加者全員がトマトの缶詰の画期的な使い方を提案する料理コンテストが開かれたという。揚げ野菜とジャガイモでつくった「巣」の上に、トマトペーストで子牛の肉とベーコンの「鳥」をくっつ

パスタとトマトソース

ける料理など、一風変わった料理が紹介された。[19]

その後、第二次世界大戦をきっかけに、南部のイタリア人は職を求めて北部に移り住んだ。そして、北部に行っても故郷の食べ慣れた食事を食べたいという思いを失わなかった。こうした地域間の交流は、それまでも上流階級では行われていたが、今やそれがイタリア全土に広がっていく。それまで地域の中だけで食べていた食べ物——水牛の牛乳、モッツァレラチーズ、オリーブオイル、そして天日干しのドライトマトなど——が商品として求められるようになった。

◉パスタやピザとトマトソース

パスタとトマトソースの結びつきは、今では運命の出会いのように思われている。だが、それは差し迫ったニーズによるものでもなければ、必然でもなかった。ゆえに、イタリア中の料理人がこぞって赤いトマトを取り入れるようになるには、しばらく時間がかかった。

イタリア食文化の研究家マッシモ・モンタナーリが言うように、やがて少々度が過ぎるほど使われるようになるのだが[20]――。

トマトピューレとトマトソースの違いについては、18世紀の料理人フランチェスコ・レオナルディが著書『現代の料理集 *Apicio moderno*』（1790年）で触れているが[21]、初めて厳密に区別したのはペッレグリーノ・アルトゥージである。アルトゥージは、有名なイタリア料理の総合レシピ集『厨房の科学と美食法 *La scienza in cucina e l'arte di mangiare bene*』（1891年）で、トマトソースに何を入れるべきかを明らかにした。イタリア人の歴史家ピエーロ・カンポレージは、アルトゥージをこう評している。「現在のイタリアで一般的な、統一的で（ときに変化に乏しい）均質化された食事というものを形づくった先駆者であり、まさにパイオニアだ。彼の影響で、イタリア中がスパゲッティとトマトソースで塗りかためられてしまった」。カンポレージは、ユーモアたっぷりにこうも言う。「もしもアルトゥージが、自分の著書がイタリア料理にもたらした結果を見たら、自分は無関係だと言うかもしれないよ[22]」

当初、パスタとトマトソースの組み合わせはなかなか広まらなかった。かなり広まってからも、文献で見るかぎり、トマトソースはイタリア料理の中心ではなかった。おそらく19世紀の料理書の著者は、ソースのつくり方など書く必要はないと考えていたのだろう。たとえば、イタリア南部ブオンヴィチーノの料理研究家イッポリト・カヴァルカンティ公爵が1837年に出版した『料理の理論と実践 *Cucina teorico-practica*』には、トマト入りバーミセリ（細麺パスタ）のオーブン焼きを

ピザ・マルゲリータ

おいしくつくるコツはまず濃厚なトマトソースをつくること、と書いてあるが、肝心のソースのつくり方は書かれていない。生のトマト、保存トマト、天日干しのドライトマト、どれでソースをつくってもよいが、つくり方は「誰でも知っている」と思っていたようだ。[23]

パンとトマトが出会ってピザの原型ができたのがいつなのかも、正確にはわかっていない――ただし「真のナポリピッツァ協会」「イタリア政府公認の非営利団体。ナポリピッツァの伝統技術の保護活動を行う」によれば、最初のピザと言われるピザ・マリナーラは1734年に生まれたらしい。そして19世紀になると、ナポリ周辺では、トマトはピザづくりにとって非常に重要なものとなった。育種家は「キングウンベルト」などの特別な品種を開発した。このキングウンベルトは、今では比較的めずらしい品種で、茎が地面をはうように伸びるので支柱で支える必要がない。

1889年、イタリア王妃マルゲリータはナポリを訪れた際に、あるピザを献上された。トマトの赤、モッツァレラの白、バジルの緑、まさにイタリア国旗の色合いのピザだった。一夜にして、イタリアの伝統的ピザ「マルゲリータ」が誕生したのである。トマトに関する著書の中でアーサー・アレンが言うように、まさに「イタリア統一のピザ」だった。[24] ローマのピザ・ビアンカは別として、今では店で売られるほとんどのピザに、世界中に広まった「真っ赤なソース」が使われている。

第4章◉ヨーロッパの食を変えたトマト

◉フランス

まずフランスを見てみよう。トマトを愛することにかけては、フランス人は出遅れた。18世紀を代表するフランス語辞典『トレヴー辞典 *Dictionnaire de Trévoux*』（１７０４年）には、イタリア人はトマトを「塩、トウガラシ、油でキュウリのように」食べるが、フランスではまだ観賞用の一年草と見られる場合が多い、と書かれている。老舗《しにせ》の種子会社ヴィルモラン・アンドリュー社の１７７８年の種子カタログに、トマトは初めて野菜として掲載された。だが、１７８９年に雑誌『農業講座 *Cours d'agriculture*』で、植物学者フランソワ・ロジエはこう書いている。「フランス北部の園芸家のほとんどは、この植物を知らない。栽培しているとしても、たいていは実際に食べるためではなく好奇心から育てている。しかし、イタリア、スペイン、そしてフランスのプロヴァンス地方

トマトに詰め物をして焼いたフランスのプロヴァンス風トマト

やラングドック地方ではとても人気がある」[1]

フランス革命が勃発したこの年に、トマトはパリに伝わった。マルセイユから来た義勇兵が「パリには大好きなトマトがない」とさびしがるようすに、商魂たくましい料理店の店主が、プロヴァンス風料理をパリに持ち込んだという。初めの頃、トマトは籐《とう》のトレイに上品に盛られ、とても高価だった。だが数年も経つと安価になり、パリの中央市場には、大きなカゴに山のように積まれるようになった。文書として残っているフランス最古のトマトのレシピは、1795年のトマトジャムのレシピだと言われている。これはオーストラリアの食用植物の研究家バーバラ・サンティッチがヴォクリューズ地方の町カルパントラで発見したものだ。[2]

19世紀に入ると、美食家として知られるグ

初期の頃の大きな赤いトマトを描いた挿絵

リモ・ドゥ・ラ・レニエールが著書『美食家年鑑 *Almanach des gourmands*』（１８０３年）で、「かわいらしい小さな果物」がだんだん手に入るようになってきた、と書いている。「肉に添えるソースにしても、細かく切って米と一緒にスープにしてもおいしい。もちろん、つけ合わせにもよい」とも書いている。わかりやすいように、レニエールはトマトの詰め物のレシピを載せているが、これはこの定番料理のレシピが登場した初めての本かもしれない。[3]

フランスの植物学者であり医師だったミッシェル・エチエンヌ・デクルタルも同じく、トマトの魅力に気づいていた。１８２８年に次のように書いている。

トマトはラグー［フランスの煮込み料理］

フランスの瓶詰トマトのラベル。19世紀後半。

やクーリ［野菜や果物を裏ごしした濃度のある液体］のレシピには欠かせない食材で、パリ近郊のどんな菜園でも栽培されている。トマトペーストは乾燥させれば、冬のあいだも保存できる。野菜が手に入りにくい真冬でも、トマトソースはじつにさまざまな方法で食卓に登場する——牛肉や羊肉のスープに入れてもよいし、鱈などのさまざまな魚と合わせてもよい。トマトは、植民地では青トウガラシと一緒に食べるらしい。匂いを嗅げば、消化不良の予防になる。熟れる前に酢に漬ければ保存できる。栽培には肥沃な土壌と湿気が必要だ。[4]

同じ年に、ロンドンの園芸雑誌『ガー

デナーズ・マガジン *The Gardener's Magazine*』に、ベルサイユにある王の菜園の「促成栽培コーナー」を訪れた記事が載った。こう書かれている。「まだ熟れていないトマトの苗を植木鉢に植えつけようとしていた。そうすれば、冬のあいだも実ができる。スープにシチューにソースに、新鮮なトマトは一年中必要だ……トマトは毎日食卓に届けられていた」[5]

美食家として知られる小説家アレクサンドル・デュマも、トマトについて書いている。彼の死後、1870年に出版された『料理大事典 *Grand Dictionnaire de cuisine*』には、トマトの欄に次のような説明がある。「南部の人々から伝えられた果実。南部ではトマトはとても人気がある。果肉をピューレにして食べたり、甘い果汁を調味料として使ったりする」

◉イギリス

さて、ドーバー海峡をわたってイギリスに目を移そう。イギリスで最初にトマトを栽培したのは、植物学者ジョン・ジェラードである。1597年に、スペインとイタリアからトマトの種子を取り寄せた。だが、南ヨーロッパの人々はトマトを食用にしている――もちろん命を落としたりせず――と知りつつも、ジェラードは、フランドル地方の薬草医ドドエンスの説を信じていた（ジェラードはドドエンスの著作を不用意に盗用していた）。ドドエンスは数年前に「トマトをトウガラシ、塩、油で料理して食べる人もいるが、栄養はほとんどない。トマトには毒があり、死にいたることもある」と書いていた。ジェラードはドドエンスと同じく、トマトを評価していなかった。著書『本草書*Herball*』では、「嫌な臭い」を放ち、「おそらく体を冷やす成分が多く」含まれている、しかも栄養は「ほとんどない」と書いている。とはいえ、スペインではトウガラシ、塩、油で煮込んだり、「我々のように寒い国で使うマスタードの代わりに」油、酢、トウガラシと混ぜて肉のソースにしたりするとも書いている。黄色に色づく品種も見かけたようだが、ジェラードはトマトに心を動かされなかった。[6]

イギリスで次にトマトを取り上げたのは、植物学者のジョン・パーキンソンだった。1629年の著書『日のあたる楽園、地上の楽園 *Paradisi in sole paradisus terrestris*』（第1部「花園」）でこう描写している。「（トマトは）薄い赤みがかった色をしているものもあれば、オレンジのように濃い色のものもある。どろっとした果汁と水分たっぷりの果肉が詰まっている」[7]。だが、それから百年あまり経っても、トマトは普及しなかったようだ。植物学者ジョン・ヒルは園芸書『エデンの園 *Eden*』で「トマトを食べる人はほとんどいないが、スープにするとおいしい。ポルトガル系ユダヤ人とよく食事をする人は、トマトの価値がわかっているのだろう」と述べている。[8]

このように、じつに2世紀以上ものあいだ、トマトはめずらしい観賞植物か薬草と思われ、まともな食材とは認められていなかった。トマトはおなかを壊す。失神や脳卒中を引き起こす。腹痛や下痢になることも、ひょっとしたらもっとひどい状態になるかもしれない――そんなふうに言われていた。だがやがて1754年に、チェルシー薬草園の学芸員フィリップ・ミラーが、トマトを使うと「スープに心地よい酸味が加わる」と認めた。1758年には、料理作家ハナー・グラスが著書『料理の技術 *The Art of Cookery*』の付録に、愛のリンゴ、つまりトマトを使った「鱈のスペイン風仕上げ」というレシピを載せた。小説家ジェーン・オースティンも「心の底からトマトが好き」と語っている。[9] とはいえ18世紀末まで、イギリスのほとんどの家庭の食卓にトマトがのることはめったになかった。

ところがその後、変化は突然やってきた。わずか20年後にはトマトはありふれた食材となり、「食卓にのるどんな料理にもトマトソースをかける」ようになった。トマトは食材として認められたのだ。時を同じくして、『ブリタニカ百科事典』［イギリス最古の百科事典で今なお改訂作業が進められている］では、日常的に使われる食材のなかにトマトが加わった。「スープやブイヨンに入れて煮たり、煮込んだソースを新鮮な肉に添えたりする」と記された。[10]

1820年には、タイムズ紙に「今やイギリスのどんな野菜市場にも、トマトは山ほど売られている」という記事が載った。だが、トマトを食べていたのはおもに上流階級だったようだ。中流階級や下層階級の人々にはトマトはまだ浸透していないことを記者は認めつつも、「ここ数年で、イギリスの著名な料理人は誰もがトマトを多用するようになった」と書いている。[11] イギリスで出版された最初のトマトソースのレシピは、マリア・ランデル（1806年）のものだ。そしてその10年後、ウィリアム・キッチナーのレシピが世に出ている。「愛のリンゴ、いわゆるトマトのソース」をつくり、肉汁でつくったグレイビーソースと一緒に煮込んで裏ごしし、レモンの果汁を加えて煮詰めるというものだった。

イギリスのレシピ。トマトの詰め物とトマトサラダが載っている。『スマイリーの料理と普遍的な家事についての手引き *Smiley's Cook Book and Universal Household Guide*』（1895年）より。

イギリスでトマトの普及が遅れたのはなぜだろうか？　イギリスの食材にくわしい著作家クリストファー・ストックスは、ひとつには「トマトが比較的寒さに弱く、本来イギリスの気候に適していない」からだと指摘する。[12]　たしかにイギリスでは、ガラスの値段が下がる19世紀後半まで、トマトの商業生産は不可能だった。大きな温室をつくるためには、大量の安いガラスが必要だったのだ。19世紀の末にようやく、イングランド南部の町ワージングがトマトの一大生産地となった。わずかに遅れて産地となったのは、イギリス海峡に浮かぶチャンネル諸島だ。

缶詰スープは特に人気があった。値段はとても高かったが、長い船旅の食料として重宝された。アンドルー・F・スミスによれば、昔の探検隊が残した缶詰の中身を114年後に分析してみたところ、傷んでもいないしビタミンDも失われていなかったという。[13]　なんとも興味深い話である。こうして20世紀に変わる頃、トマトの加工食品は日用品となった。1907年のアーミー・アンド・ネイビー・ストア［ロンドンの老舗百貨店］のカタログをのぞいてみると、トマトチャツネ、トマトの缶詰、トマトケチャップ、トマトのジャム、トマトピューレ、トマトソース——じつにさまざまな商品が並んでいる。[14]

そう、イギリスは愛のリンゴ、トマトに心を奪われてしまったのだ。

●嫌われていたトマト

トマトはヨーロッパに伝わった当初から、怪しい植物と見られていた。トマトを食べると歯が抜ける。匂いをかぐと気が狂う。そう信じられていた。醜くて食用に値しないと考える人も多かった。見慣れない果実だから毒があるかもしれない、という恐怖もあった。

イタリア、パドバの医師ジョバンニ・ドメニコ・サラは、1628年に出した著書で、トマトとナスは「奇妙でおそろしいもの」だから喜んで食べるのは「ごく一部の愚かな人々」だけ、と書いている（食べていた人もいるのだ！）。だが、トマトを口にしなかった人をむやみに笑いものにするべきではない。イギリスの歴史学者デイヴィッド・ジェンティルコアが言うように、これには理由があった。まず、ヨーロッパの大部分の地域では、トマトの正しい育て方は知られていなかった。地面をはうように伸びる習性はいかにも不吉だし、茎や葉は生で食べると有毒だった。味や香りはほとんどないくせに酸味は強く、食べごたえがない。生きるための食事としては物足りなかったのだ。[15]

宗教上の懸念もあった。18世紀半ばにヨーロッパでトマトが普及しはじめた頃、著名なカトリックの道徳主義者キアリ大修道院長は、「アメリカからやってきた、薬（香辛料のこと）にまみれた料理を（を食べる風潮）ほど邪悪なものはない」と書いている。トマトソースのせいで、人間は単に食べるのではなく大食いになってしまうというわけだ。食文化のタブーに関する本を書いたスチュワート・リー・アレンは、食べ物が持つ罪深い危険性を生き生きと描き出した。「トマトの持つ地上のものとは思えない鮮やかさ、果肉の刺激的な味、悩ましげにしたたる果汁。それは聖職者にとって呪うべきものだった。トマトは土にまみれた茶色のジャガイモからはけっして夢想もしないような『情欲をかきたてた』のである」[16]

一方、北ヨーロッパの国々でトマトの普及が遅れたのには、もっと理にかなった理由があった。19世紀半ばまで約400年にわたって小氷河時代が続いたため、冬の北ヨーロッパは特に寒くて雪が多く、植物の生育期は短く不安定となった。トマトの栽培、とりわけ屋外での栽培は非常に難しかったに違いない。

また、昔の品種のトマトはつぶれやすくて輸送しにくかっただけでなく、温暖な気候に適していたトマトは寒い地域ではおそらく味が悪かったのだろう。[17]人間の健康状態は「体液」で決まるという当時の考え方の影響もあった。冷たくて水分の多い食べ物は健康に悪いと考えられていたからだ。[18]トマトは痛風を悪化させると言われ、栄養もないと思われていた。[19]

こうした古い考え方は、一部の社会階級ではなかなか変わらなかった。19世紀のイギリスの農村が舞台の小説『ラークライズ』［フローラ・トンプソン著／石田英子訳／朔北社］では、村に初めてトマトがやってきたときのことをこう描いている。「トメィトは一般にぞっとするくらいまずい食べ物と思われていた……食べるのはお屋敷の人間だけだ」。今でも、トマトが怖くてたまらない、というトマト恐怖症の人もいる。そんなあなたは、カルト映画『アタック・オブ・ザ・キラー・トマト』（1978年）は見ないほうがよいだろう。

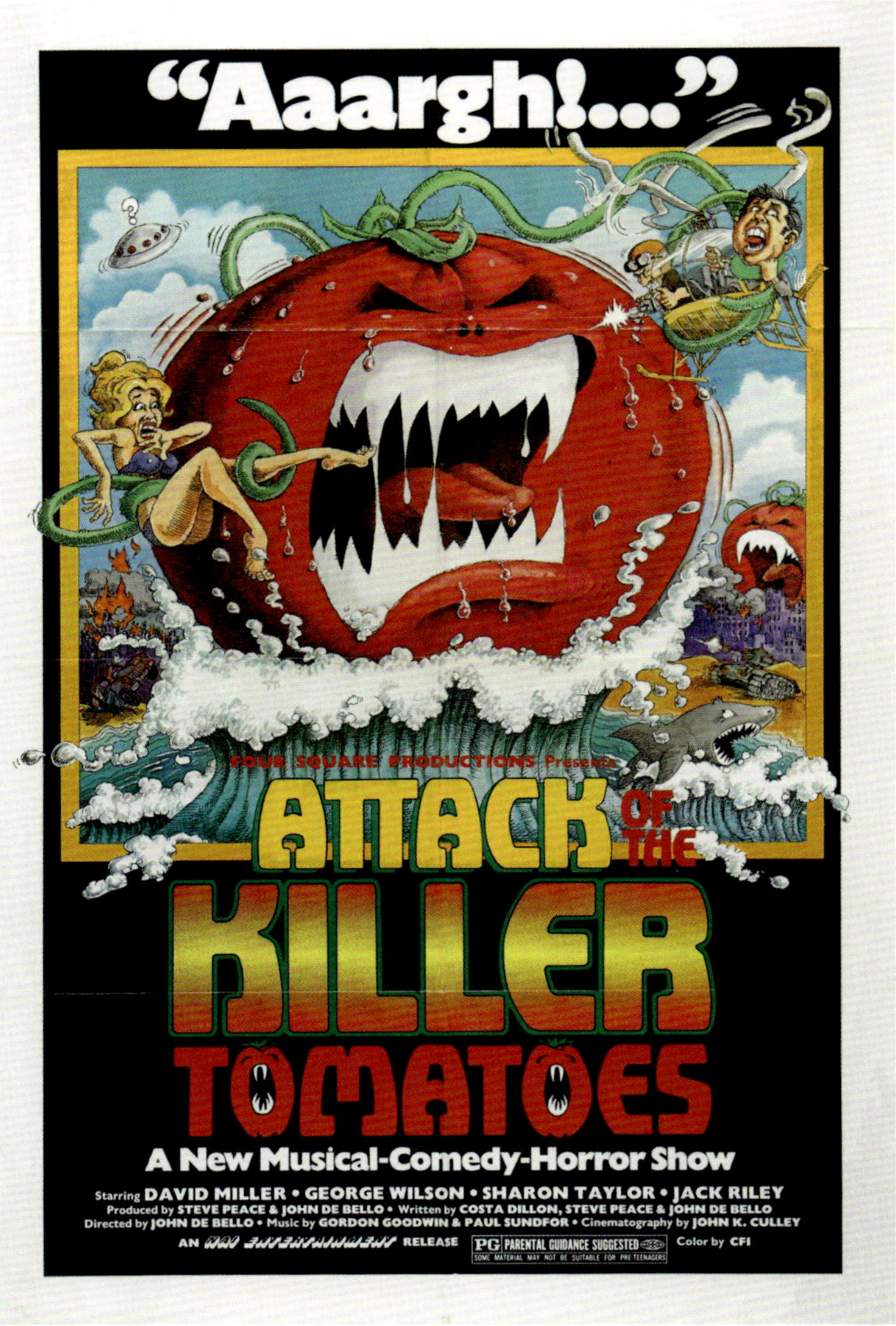

映画『アタック・オブ・ザ・キラー・トマト』（1978年）のポスター

◉トマトを受け入れたユダヤ人

東ヨーロッパの超正統派ユダヤ人のコミュニティーはかつて、トマトはコーシャー［ユダヤ教の食事に関する戒律を守った食べ物］ではないと考えていた。トマトの色鮮やかな見た目から、ユダヤ教で禁じられる血を含んでいるに違いないと強く信じていたのだ。[20] トマトを嫌う地域のユダヤ人がトマトを食べる配偶者と結婚して、カルチャーショックを受けたり夫婦間が不和になったりといった話はよく聞く。[21]「ユダヤ人はトマトを食べるのも、料理するのも死ぬほど嫌がっていました。彼らにとって、トマトは肉と同じだったからです」と、ユダヤ料理の本を書いたジョアン・ネイサンは渋い調子で述べている。[22]

１９２５年、ヨーロッパからパレスチナに来た初期の移民は、ユダヤ人がトマトを食べるのを見てひどく驚いたという。「ポーランドでは、トマトはキリスト教徒の家の窓辺に植えられていました。だから「キリスト教徒のリンゴ」、つまりユダヤの教えに反したリンゴと呼んでいたのに、ここではそれをユダヤ人も食べていたのです」。S・Y・アグノンの小説『オンリーイエスタデイ Only Yesterday』には、アイザック・クマールという名のガリツィア地方［現在のウクライナとポーランドにまたがる地域］の英雄が出てくる。20世紀初めにパレスチナにやってきたクマールは、トマトを正しい食べ物とはなかなか認めることができなかった。彼の故郷では、トマトは「愚か者のリンゴ」だったのだ。[23] アメリカのユダヤ系詩人アレン・ギンズバーグも、母に捧げた詩『カディッ

シュ 第1章 *Kaddish, Part I*』の中で、ギンズバーグの母が幼い頃にロシアから来たときに「初めて毒のあるアメリカのトマトを食べた」とうたっている。

だがユダヤ人にとって、トマトはやがて、シオニズム［パレスチナにユダヤ人の国家を築くことをめざした運動］やキブツ［農業を主とする生活共同体］への参加をあらわすシンボルとなった。

1926年のイスラエルのヒット曲『トマト』の歌詞を紹介しよう。

ホーホーホ、我々の土地は痩せている
あらゆる生き物とともに歌おう
トマトをたたえる賛歌を
トマト、トマト、トマト！
ついこのあいだ、我々は船を降りたばかりなのに
トマトはもうボルシチの主役だ
サラダにもミートボールにも入っている
それがトマトだ、トマトだけなのだ
ブネイ・ブラクのモシャブから［キブツの］デガニアへ……[24]

興味深いことに、ユダヤ教の戒律では、トマトを食べる前は「土の恵み」ではなく「木の恵み」

イスラエルのトマトとキュウリのサラダ

に感謝の祈りを捧げるそうだ。だとすると、トマトは野菜ではなく果物なのだろうか？　トマトをどちらに分類するべきかという議論が、トマトの歴史において、とりわけ19世紀のアメリカで、大きく立ちはだかるのである。

第5章◉アメリカに里帰りしたトマト

◉苦い帰還

マーク・トウェインはヨーロッパの食事が嫌いだった。アメリカの食事――牡蠣《かき》のスープやピーチパイ――が恋しくてたまらない、と『ヨーロッパ放浪記』（１８８０年）〔飯塚英一・松本昇・行方均訳／彩流社〕で語っている。蒸気船でアメリカに戻ったらすぐに、あれも食べたい、これも食べたい、と夢見ていたが、その中には砂糖や酢をかけたスライストマトとトマトシチューもあった。

彼のトマト好きは、子どもの頃の思い出によるものだった。七面鳥狩りに出かけたとき、さびれた丸太小屋に立ち寄ると完熟したトマトでいっぱいの庭があった。「それまでトマトは全然好きではなかったのに、むさぼるように食べた。そのときのトマトほどおいしいものは、その後２、３回しか食べたことがない」。だがその後に、まさにトウェインらしいユーモラスな口調でこんなことも書いている。「そのとき食べすぎてしまったのだろう。それ以来、中年にさしかかるまで、トマトを一度も食べなかったのだから。今では食べられるようになったけれど、トマトの見た目はどうも好きになれない」[1]

マーク・トウェインだけではなかった。アメリカに里帰りしたトマトは、ヨーロッパに伝わったときと同じくらい、多くの人々から怪しげな食べ物と見られていた。アメリカで、トマトはなかなか広まらなかった。ヨーロッパから遠く離れたアメリカは料理については保守的であり、初期の入植地である北東部は、気候的にもトマトの栽培に向いていなかったためだろう。大部分の入植者は、新しい食べ物になじむことには興味がなかった。食べ慣れた、昔ながらの食べ物を育てるための土地を欲していた。アメリカの歴史学者アルフレッド・クロスビーによれば「スペイン人やポルトガル人のすべての移住者、そして彼らに続いて大西洋を渡った人々は……新世界の動植物を〝ヨーロッパ化〟できると信じていた」という。[2]

その結果、北アメリカで最初のイギリス領植民地だったジェームズタウンとプリマスで、入植者たちは新世界の料理になじむまでの数年間、飢えと闘うはめになる。食にくわしい著作家ウェイブレイ・ルートは、皮肉をこめてこう書いている。「最初の入植者たちは目の前に広大な土地があるのに、あやうく餓死しそうになった」[3]。にもかかわらず、大部分の入植者たちは「新しい食べ物のほとんどに背を向けた。ヨーロッパがそれを受け入れ、原産地のアメリカに逆輸出するまで食べようとはしなかった」[4]

スライスして卵液にひたしたグリーントマト

たしかに、新世界の野菜を食べるのはかなり不安だっただろう。たいてい汚れた水で洗っていたし、野菜を食べるのは病気が蔓延《まんえん》しやすい夏が多かったからだ。しかし、ルートのこの説明は大げさだ。実際にはトマトは、単なるめずらしい異国の食べ物、あるいは観賞用植物とされていたのである（「ものすごく不快な悪臭がするベリー」とも言われていた）[5]。

トマトが怪しいと思われていたことがわかるエピソードをひとつ紹介しよう。アメリカで初めてトマトを食べた男ロバート・ギボン・ジョンソンは、ニュージャージー州セーラムの裁判所正面の階段に立って、毒があると言われていたトマトを公衆の面前で食べて大騒ぎになった。1820年のことだ。だが、この話ははたして事実だろうか——わたしは単なる言い伝えだと思う。よくできた物語を台無しにするのは気がひけるが、この話が本当だという証拠は残っていない。この言い伝えはいかにも本当らしく、つくり話とも言い切れないため長く信じられてきた、とアンドルー・F・スミスは言う。おそらくセーラムの住民がこの言い伝えに便乗して、自分たちの町を有名にするチャンスと考えたのだろう。[6]

じつは、スミスはこの話だけでなく、「トマトを取り入れた偉人」の似たような多くの逸話についてもつくり話だとしている。その偉人とは、スペイン人の入植者や宣教師、フランスのユグノーの亡命者、イギリス人入植者、アフリカの奴隷であり、そうしたさまざまな集団がそれぞれの物語を実話だと主張している。[7] たとえば、第3代合衆国大統領のトーマス・ジェファーソンは1781年からトマトを育てており、おそらくトマト好きだったのだろう。18世紀半ばにトマトがアメリカに広まったのは、ユダヤ系ポルトガル人のシーケラ博士のおかげだと常々語っていたという逸話まである。スミスはそれらの信憑性と信頼性に疑いの目を向けている。実際は、おそらくこれらすべてのエピソードが入り混じってトマトは普及していったのだろう。

たしかに初めの頃は、傷みやすいトマトをどのように保存するかという問題があった。しかしこうした技術的な問題が克服されると、料理の世界へトマトは一気に広まった。18世紀末にはトマトは南北カロライナ州で栽培されていたようだ。19世紀半ばになると、現在のフロリダ州、ニューメキシコ州、テキサス州、カリフォルニア州を中心に国中に広がり、観賞用としてだけでなく、食材として認められるようになった。

ジェームス・ピールが描いた油絵『にがうりと野菜 *Balsam Apple and Vegetables*』。1820年頃。19世紀半ばまでにアメリカで描かれた静物画のなかではめずらしく、トマトが描かれている。ジェームス・ピールは、画家ラファエル・ピールの伯父だった。

１７９５年頃、アメリカの絵画に初めて大きな赤いトマトが登場する。ラファエル・ピールの『野菜と果物のある静物 *Still-life with Vegetables and Fruit*』に描かれたトマトは、フランスの種から育てられたものだった。実にはしっかりとした縦の溝が、葉には深い切れ込みがあり、ずいぶん平らな形をしている。[8] また、アメリカの園芸家バーナード・マクマホンは、１８０６年刊行の著書『アメリカ園芸家の12か月 *The American Gardener's Calendar*』で、「料理においしい酸味を加えてくれるトマトは、生食、あるいはスープやソース用に広く栽培されている」と書いている。やがてトマトはさまざまな料理書にも取り上げられるようになり、レシピも増えていった（料理書やレシピ

19世紀に人気を集めたトマトアイスは、近年また注目されている。

集は実際の普及から数十年遅れで出てくるものだ)。
もともとアメリカの入植地の食事は、移民や料理書を通じてイギリスの影響を強く受けていたが、さらにこの時代の種子販売業者、園芸家、農家、植物学者たちの努力に後押しされ、「愛のリンゴ」の栽培は盛んになっていく。フランス人やクレオール[ヨーロッパからルイジアナ州に渡った移民の血を受け継ぐ人々]、とりわけ現在のハイチから来た移民もトマトの評判を広める役割を担った。19世紀半ばにアメリカで相次いでオープンしたフランス料理店の影響もあっただろう。[9]
植物学者ロバート・ビュイストは、1847年の園芸マニュアル『家族のキッチンガーデナー *The Family Kitchen Gardener*』にこう記している。
この18年間を振り返ると、こんなに短いあいだに人気が出た野菜はない……1828年から

29年頃、トマトはほとんど忌み嫌われていた……それが今では、キャベツと並んで畑を埋めつくし、国中で栽培されている。[10]

農業新聞『フロリダ・アグリカルチュラリスト』の編集者も同様の記事を書いている。初めてトマトを食べてからの数十年間を振り返り、昔は「トマトが人気の食べ物になる、観賞用ではなく実用的な食材として使われるようになる、などと言えば、気がふれたか、あるいはあまりに空想が過ぎると見られただろう」と述べている。[11] 一方、トマトの使い方を嘆く声もあった。有名な料理記者だったクリスティン・ターヒューン・ヘーリックは1899年に、多くの新聞に配信されるコラムで「家庭の献立にトマトの価値を十分に取り入れている人はほとんどいない」と書いている。アメリカ人はトマトをサラダやスープにしたり、蒸し焼きや煮込みにしたりして食べていたが、それでは「トマトの可能性を引き出しているとはとても言えない[12]」。

まもなく、アメリカの議会は新たに生まれた産業に目をつけた――課税したのである。輸入野菜に10パーセントの関税を課す法が1883年に成立した。ところがここで重大な問題が生まれる。トマトは野菜なのか果物なのか、という議論である。西インド諸島からのトマトの輸入にも大いに関係する問題だった。これはその後、裁判にまで発展する。そして何年も最高裁判所で争われた末、ついに「トマトは野菜である」という判決が下った。税金の点では、植物学上の正しさよりも一般的な使われ方が重視されたのだ。トマトは専門的に言えば果物かもしれない、でもあくまで日常的

アメリカ政府の「勝利の庭」のポスター。1940年代。

には野菜コーナーで売り買いされているというわけだ。その後もずっとクイズ番組のネタになるようなおもしろい論争だった［日本の農林水産省はトマトを野菜と分類、さらにくわしくは「果菜《かさい》」としている］。

こうして、トマトは人々に愛されるようになった。味がよくて、いろいろな料理に使えて、しかも栄養がある、と高く評価された。アメリカのファーマーズマーケットの主役となり、ほぼ間違いなくアメリカでもっとも人気のある「野菜」になった。第一次世界大戦を戦った短いあいだ、多くのアメリカ人は「勝利の庭」［戦時中につくられた野菜・果物等の農園。戦時農園］をつくったが、ほとんどの庭にはトマトが植えられた。

◉アメリカのイタリア料理

映画『新世界』（２００６年）で、エマヌエーレ・クリアレーゼ監督は、イタリア・シチリア島の農民が想像するアメリカを描いた。貧困と飢えから逃れたいと、彼らはアメリカに移住しようとしていた。彼らにとって、アメリカは豊かな大地だった。ミルクの湖を泳ぎ、空からコインが降り注ぎ、巨大なトマトやニンジンが育つという新世界。だが、もちろん現実はいくらか違っていた。

トマトは19世紀のイタリアではもう広く食べられていたが、パスタにトマトソースをかけるようになったのは、１８５０年代に入ってからだった。１９００年以前にアメリカに渡った移民たちは、まさにトマトソース・スパゲッティに慣れ親しんだ最初の世代だったのだ。第二次世界大戦前のアメリカのトマト文化にとって、イタリア人ほど重要な人種はいない。ところが皮肉にも、最初の移民たちは出身地域ごとに異なる独自の料理を持って海を渡った。当時のイタリア半島は政治的に混乱していた時代であり、「これがイタリア文化だ」という実体はまだ存在しなかったからだ。それがアメリカの地で、それぞれの地方の伝統料理を分かち合い、食に使えるお金が増えるにつれて〝新世界のイタリア料理〟が生まれてきた。農家、食品会社、販売業者、小売店、レストラン、こうしたすべての者たちが協力して、統一国家イタリアの料理のイメージをつくりあげた。歴史学者ハシア・R・ダイナーの言葉を借りれば、「食べ物を中心にコミュニティーという織物を巻いていった」[13]。

やがて、現地の起業家がそれぞれ独自の食品をつくり出すようになる。1930年代末には、イタリアから輸入するトマト関連商品の総量よりも、多くのイタリア系アメリカ企業がカリフォルニアで生産するトマト関連商品のほうが多くなった。逆に、イタリア系アメリカ企業がこれらの食品をイタリアに輸出するサイクルができあがった。ついに、イタリアの食事に欠かせない代表的料理――ピザとパスタ――は、シンプルで満足のいく魅力的な食事として世界の料理となったのである。

こうした背景のもとに、缶詰スパゲッティが生まれた。シェフ・ボヤーディ（Chef Boy-Ar-Dee）というブランド名で今でも売られている缶詰スパゲッティは、イタリアのピアチェンツァ出身の料理人エットーレ・ボヤルディが考案した。オハイオ州クリーブランドでイタリア料理店を経営していたボヤルディは、自分のソースを缶詰にして、乾燥スパゲッティと粉チーズとセットで売っ

ディズニー・ハリウッド・スタジオ（フロリダ州オークランド）にあるママ・メルローズのリストランテ・イタリアーノ

てみようと思いつく。この商品は大成功をおさめ、第二次世界大戦中は、米軍に納品していたほどだった。

皮肉をこめて言えば、アメリカでイタリア人が生み出したもっとも重要な発明は、間違いなく「赤いグレイビー」トマトソースをかけたミートボールスパゲッティである。これは典型的なイタリア料理となり、1920年代には、ほとんどのイタリアンレストランの代表的なメニューになった。なお、これはアメリカ人のみに向けた料理ではない。イタリア人のレストラン経営者ニコル・デ・クアットロチョッキは、1950年代に出版した回想録『愛と料理 *Love and Dishes*』で、この料理を初めて食べたときのことをこう振り返っている。「心から満足したよ。向こうのイタリア人のためにに、イタリアでも誰かこの料理をつくるべきだね[14]」

◉「健康によい」トマト

「トマトはメキシコでは薬として使われている」。フランシスコ・エルナンデスが1570年にそう報告して以来、トマトは、旧世界のさまざまな病気を治す新世界の薬かもしれないと考えられてきた。頭痛、耳の痛み、腹痛やおたふく風邪から単なる「かゆみ」まで、あらゆる不調を治す薬として使われてきた。しかし、その効き目は必ずしもわかっていなかった。

砂糖やコーラと同様に、トマトは一般の人々の食事に取り入れられる前から、薬として注目されていた。19世紀のアメリカ人医師ジョン・C・ベネットはそもそも問題の多い人物だったが、トマトが下痢や消化不良によく効くと主張したことでも知られている。彼の説はひどく大げさに扱われると同時に、ばかげているとまで言われてしまう。トマトは「環境の変化に弱い人がかかりやすい激しい嘔吐の発作」に効果があるため、当時「新天地」だった西部や南西部に出かける人にもよい、とベネットは明言していた。[15]

当時、トマトへの評価は大きくわかれていた。医学辞典に載っているほぼすべての病気を治してしまうと主張する医師もいれば、まったくのインチキ療法だとする医師もいた。しかし19世紀半ばになると、トマトは一種の万能薬だという考えに賛同する人が増えていく。[16] 1837年に、アメリカのある新聞記者はトマトを熱心に勧めて、「トマトが薬として効くとわかった病気を数え上げたら、時間がいくらあっても足りないだろう」と書いている。[17]

とりわけ、トマトスープは健康によい料理とされていた。フィラデルフィアの著名な医師ホレイショ・ウッズは、トマトスープは「どんな病人にも効く、とても上品で安価なスープだ」と言った。朝食用コーンフレークの共同発明者ジョン・ハーヴェイ・ケロッグの妻エラ・ケロッグも、トマトスープをすばらしい料理と推奨していた。[18]

アンドルー・F・スミスは、これを第1次トマトブームと呼ぶ。第2次ブームは1830年代と40年代に到来した。トマトは健康によいのだからと、トマトの薬や錠剤といった商品が生まれた。健康的な食事にはビタミンやミネラルが大切と知られるようになり、トマトへの関心はますます高まった。トマトの錠剤の広告は6000以上が確認されているが、それでもほんの一部にすぎないだろう、とスミスはいう。またこれ以外にも、おびただしい量の記事やレシピがトマトを万能薬として絶賛している。肝臓病やコレラなどの多くの病気に効く妙薬としてトマトを特集したレポートもあった。やがてこうしたブームは落ち着き、トマトの薬としての力には疑問の声もあがるようになったが、それでもトマトは栄養豊富な、健康によい食べ物と考えられていた（「トマトを食べると風紀がよくなる」と書いた本まで出版され、これはさすがに度が過ぎていたが）。

トマトにさまざまな健康増進効果があるのは間違いない。トマトにはビタミンCとカロチノイドが豊富に含まれている。アメリカがん研究協会によれば、これらは一部のがんの発症を防ぐ可能性があるという。また、トマトにはとりわけリコピンというカロテンが含まれる。このリコピンは、トマトなどの赤色やピンク色の果実の色素をつくる成分で、悪性細胞が増殖する原因とされるフリーラジカル［細胞を老化させる活性酸素の一種］を撃退する抗酸化物質でもある。[19]

２０１６年のスペインの研究では、トマトソースにオリーブオイルを加えると、生のトマトやトマトソースだけを食べるよりも、心臓の血管を健康に保つ効果が高まることがわかった。[20] 翌年には、スバッロ・ヘルスリサーチ・オーガニゼーションのイタリア人科学者たちが、南イタリアのふたつの品種のエキスが胃がん細胞の増殖を抑えることを発見した。生活習慣の改善を病気の予防だけでなく、一般的な治療の補助として取り入れるために、今後の研究につながる発見だった。興味深いことに、この効果はリコピンなどの特定の成分とは関係がない。トマト全体として見なければならない、と科学者たちは言う。[21]

リビー社のトマトジュースの広告。トマトは健康によい食べ物だと強調している。1947年。

リコピンは肌にもよいらしい。ドイツのある研究では、リコピンを口から摂取すると、紫外線の悪影響から肌を守り、しわを防ぐ効果があるとわかった（もちろん日焼け止めの代わりにはならない）[22]。皮肉にも、トマトの錠剤や薬の歴史を振り返ると、リコピンカプセルには心臓病を予防する一定のニーズもある。だが、リコピンを食事だけからとるのは十分に可能だし、おそらくそのほうが望ましいだろう。また、アメリカのアイオワ大学の研究者たちは、緑色のトマト（とリンゴ）に含まれる天然化合物を発見した。老化で筋力が低下し、筋肉が失われる原因となるタンパク質と闘う力を持つという[23]。

そして、（確実にわかったわけではないが）トマトにはがんだけでなく、高血圧や糖尿病のリスクを減らす効果もあるとされる。トマトの缶詰やトマトソースがのったピザでも同じ効果がある。だがケチャップとなると話は別だ。ケチャップは野菜ではない。１９８０年代、アメリカのレーガン政権は学校給食の経費削減プランとして、ケチャップを野菜として基本的な食べ物に含める案を提案したが、受け入れられるはずもなかった。たしかに、ホットドッグにケチャップを少しかけると食べやすくはなるが、ケチャップは健康的な食事とはあまり言えない。最近のケチャップに含まれる砂糖の量は以前より減っているといわれ、また、ケチャップに栄養がまったくないわけではないものの、生のトマトの栄養には程遠い[24]。

トマトは天然の機能性食品である。しかし、現代のトマトには農薬が残っていることが多いので注意が必要だ。また、カリウムの含有量が多いため、ベータ遮断薬を服用している人や腎臓が悪い人はあまり食べないほうがよいだろう。もちろん、塩、砂糖、化学物質などの添加物が含まれるトマトジュースは、健康によいとは言えない。

では、トマトジュースのお酒ブラッディ・マリーは？　これはまだ、結論が出ていないようだ。

第6章◉スープとケチャップ

トマトは夏にどっさり獲れる。当然、傷みやすいトマトをオフシーズンのために保存しておきたいというニーズが生まれる。ドライトマトに瓶詰トマト、酢漬けにペーストなど、さまざまな保存方法が考案された。[1]

おもな方法は瓶詰と缶詰だった。瓶詰の技術は、19世紀の初めにフランスでニコラ・アペールが考案した。煮込んだトマトを裏ごししてガラス瓶に入れ、湯せんにかけて煮沸殺菌してから密封する方法だ。アメリカでも瓶詰の商業生産が始まり、やがてニュージャージー州のハリソン・W・クロスビーが、はんだ付けしたブリキ缶を使ったトマトの缶詰を考案した。熟練した職人なら1日に50〜60個の缶詰をつくったという。クロスビーはこのトマトの缶詰を宣伝するため、イギリスのヴィクトリア女王と第11代合衆国大統領のジェームズ・K・ポークにまでサンプルを送ったと言われている。

缶詰工場で働く少年たち。新しいトマトの缶詰を満載した貨車の積み降ろしをしている。インディアナ州インディアナポリス。1908年。

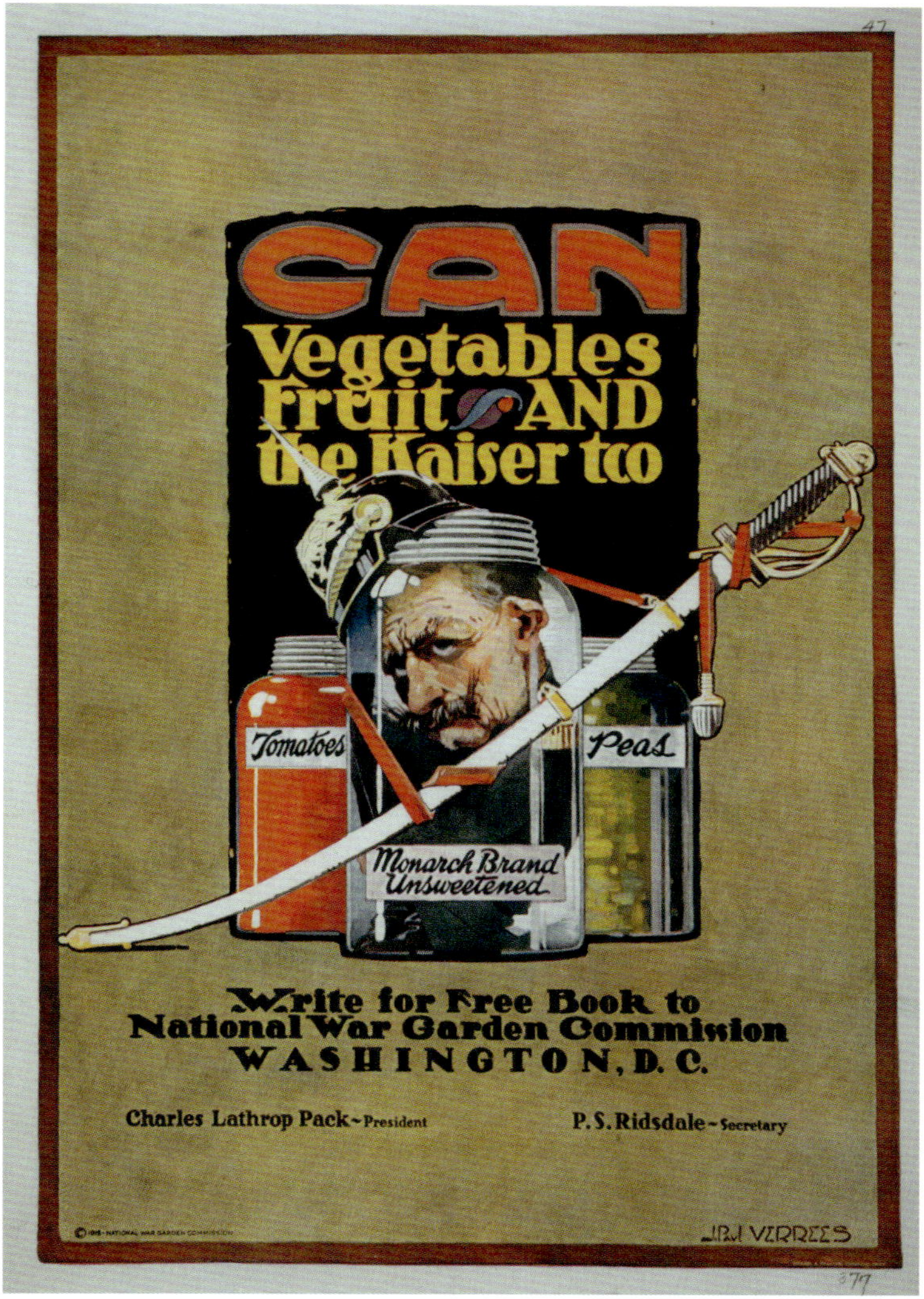

アメリカ人に食料の保存をすすめる第一次世界大戦のポスター。ガラス瓶に入ったドイツ皇帝ヴィルヘルム2世が目を引く。

1850年になる頃には新たな機械が登場し、経験の浅い労働者であってもふたりで1日1500個の缶詰を生産できるようになった。折しもアメリカでは南北戦争が勃発。兵士たちの食料として缶詰の需要が高まっていた。兵士たちは豆やトウモロコシ、トマトの缶詰の味にすっかり慣れ親しみ、兵役を終えてもその味を忘れなかったのだろう、缶詰はアメリカ中に広まっていった。技術はますます洗練され、トマトを大量に栽培していたニュージャージー州の農民たちは、出荷しきれなかった分を缶詰に流用できるようになった。こうして缶詰の流通量は格段に増えた。[2]

だが、1876年には状況が一変する。供給が需要を大きく上まわるようになったのだ。不景気と不作のため、ニュージャージー州では多くの缶詰工場が閉鎖された。代わりにトマトの生産を伸ばしたのはメリーランド州である。ふたつの州のあいだで競争が始まり、しばらくのあいだ続くことになる。20世紀に変わる頃、缶詰にはほかのどの果物や野菜よりもトマトが使われるようになり、1920年代には缶詰の生産工程は完全に自動化された。

トマトの缶詰は料理の創造性や好奇心を刺激すると言ってよいだろう。トマトにほとんど手を加えず、加工を最小限にしているからだ。その点で、クラッカーや調理済みのパンといった加工食品とはまったく別物だ。1858年にジョン・L・メイソンが家庭用のガラス瓶を発売すると、果物や野菜の瓶詰が自宅でも簡単にできるようになった。自分で瓶詰にすれば市販のものより安心して口にできるし、瓶も繰り返し使えた。[3]

第二次世界大戦中、アメリカでは自宅で缶詰をつくることが推奨されていた。

◉トマトスープ

アンドルー・F・スミスが指摘するように、イギリスやアメリカでは当初、料理に酸味やみずみずしい食感、いろどりを加えるために料理にトマトを使っていた。たとえば、メアリー・ランドルフの料理書『バージニアの主婦 *Virginia Housewife*』（１８２４年）では、子牛、オオムギ、オクラが入ったスープにトマトを加えるレシピが載っていた。

だがその後、トマトの存在感はだんだん大きくなっていく。スミスによれば、アメリカで最初のトマト（当時は tomata と綴っていた）スープのレシピは１８３２年の料理書に登場する。[4] それ以来、トマトスープは出世の階段をのぼりはじめた。あらゆる祝宴のご馳走にトマトスープが登場するようになった。いつものトマトスープもあれば、「豪華な」トマトスープもある。とろみのあるトマトクリームスープ、エビやカニのエキスを使ったトマトビスク、肉の出汁《だし》を使ったトマトブイヨン、香味野菜を加えて煮立てたトマトコンソメなど、さまざまな食材と組み合わせて、トマトスープは多様化していった。

たいていはトマトの缶詰を使ってスープをつくっていたが、やがて手間のかからない出来合いのスープを求める声が大きくなってきた。１８７６年、ボストンのジェイムズ・H・W・ハッキンズが初めてスープの缶詰を発売。他社もすぐに追随した。「フランス風」スープで知られるフランコ・アメリカン・フードカンパニーもそのひとつ。この会社はのちにキャンベル・スープ・カンパニーに買収された。
19世紀の後半、加工用トマトを専門に扱っていた、ニュージャージー州のアンダーソン・プリザービング・カンパニーが、「絶品ビーフステーキトマト」なるものを売り出した。キャッチコピーによれば、「大きすぎて1缶1個のトマト」を詰めた缶詰だった。その後、同社の経営権はジョセフ・キャンベルの手に移り、キャンベルは調理済みのスープを含むさまざまな商品の販売に乗り出していく。

次の大きな一歩は、濃縮スープだった。濃縮スープには明らかに優れた点がいくつもあった。安いコストで生産できる。缶が小さいので保管スペースが狭くてもよい。輸送費も削減できる。水を加えて温めるだけでおいしいスープがすぐできる。商品のコンセプトそのものは新しいものではなかったが、キャンベル家の一員で化学者だったジョン・T・ドーランスは、濃縮スープ缶の大量生産に踏み切った。1897年に最初の5種類の味——トマトも入っていた——が発売された。時間も手間もかからない。経済的。栄養豊富。調理が楽。いろいろな料理にも使える。そんな画期的な商品だった。才能あふれる無名のコピーライターが見事なキャッチフレーズをつけた。「説明はしません。一口食べればわかります！」

インパクトは絶大だった。『トマトを探る』の著者たちは次のように書いている。「トマトケチャップとトマトスープは、食べ物の大量生産の先がけだった。フォード社のフォーディズム［自動車の大量生産方式］のようなものである。トマトの大量生産は自動車より先だったのだ」[5]。こうして、トマトスープの缶詰は伝説的な商品となった。大量生産、工程の標準化、徹底した品質管理、戦略的な価格設定、流通ネットワークの整備に支えられた商品だった。マーケティングや広告も画期的に新しかった。キャンベルスープ・キッズという象徴的なキャラクターを広告の中心にすえ、キャンベル社はラジオやテレビの人気番組のスポンサーになった。料理書や各種パンフレットとも連携した。またたく間に、キャンベルの濃縮トマトスープは大量のレシピで使われるようになり、なかでもトマトスープケーキは大人気となった。同じく人気を博したアスピックサラダ（トマトのゼリー寄せ）は、雑誌『レディス・ホーム・ジャーナル』にレシピが掲載され、その後、『アリス・B・トクラスのレシピ集 *The Alice B. Toklas Cook Book*』（1954年）にも登場した。

長いあいだ、主婦たちは毎日の食事のメニューを店に行く前からあれこれ考えるのが常だったが、そうした習慣は次第に不要となっていった。「非常時」の代用食だった缶詰が、国中のキッチン棚を埋めつくしたからだ。食に関する著書のあるハーベイ・レベンスタインはおもしろい指摘をしている。「もともとスープの缶詰は手づくりスープの代用品として登場した。ところが今や、その缶詰がないときの代用レシピがある――カップ1杯の生クリームかコンデンスミルクに大さじ3杯のケチャップを加えると缶詰そっくりのスープができあがる。スープの缶詰はもはや〝代用品〟ではなく、なくてはならない〝日用品〟に出世したのだ[6]」。

キャンベルの缶のデザインはとても有名だ。もともとは、ややくすんだ黒とオレンジ色の従来のラベルだったが、1898年に、赤と白のツートーンカラーにシンプルな直線のデザインに変えた。

アンディ・ウォーホルの有名な『キャンベルのスープ缶』をイメージして飾りつけされた王立スコティッシュ・アカデミー。2008年。

時間とスペースの節約という商品のセールスポイントを無意識に訴えかけようと行った、重要なデザイン変更だった。１９００年のパリ万国博覧会でこのスープ缶がゴールドメダルを獲得したのちはラベルの中央にメダルを描くようになった（現在のラベルにも受け継がれている）。数十年後、ポップアートの巨匠アンディ・ウォーホルはこのデザインにインスピレーションを得て、それまでの静物画の概念を一変させる作品を描くことになる。それは、果物や花などの自然物ではなく、ディスカウントストアに山のように積まれている大量生産品を描くというものだった。

　トマトジュースも早い時期に発売され、あっという間に、アメリカの人々の熱狂的な支持を受けた。キャンベル社はトマト

手作業でのトマトの収穫は負担が大きいが、トマトを傷つけずにすむ。缶詰や加工用のトマトの場合、機械収穫がもっとも適している。

ジュースに適したトマトの品種を開発し、1931年に始めたマーケティングキャンペーンも大成功をおさめる。また、禁酒法時代［1920年から1933年まで禁酒法によりアメリカではアルコールの製造、販売が禁止された］が終わると、新しく登場したトマトジュースのカクテル、ブラッディ・マリーが人気を博した。キャンベル社は成長し、また最新設備の導入も進めた。1935年には、ニュージャージー州カムデンのキャンベル社のスープ工場は1日に1000万個のスープ缶を生産できるようになっていた。

実際には、缶詰やスープづくりに適したトマトをつくるための品種改良は、ずっと前から始まっていたのだろう。酸味と甘みのバランスがとれて、皮が厚く、形は卵形、色鮮やかで、完熟しやすく、病気に強い。こうした好ましい性質をすべてそなえたトマトが求められていた。そしてついに、何年もの努力の末に、ニュージャージー州でラトガーストマトが開発された。「並ぶもののない高品質」のトマトという触れ込みだった。１９５０年代に機械で収穫できる品種に主役の座を奪われるまで、この品種はアメリカでもっとも広く栽培されたトマトのひとつだった。

●トマトケチャップ

何年も前に、イギリス・ランカシャー州北東部の古い織物の町を訪れたときのこと、いくつかの家庭に訪問する機会があった。町には石造りの2階建て長屋が立ち並び、現在はその大部分にパキスタンの田舎からきた家族が住んでいる。そこでわたしは、食卓にちょっと変わったものが置かれている光景に出くわした。少なくとも、わたしのヨーロッパ中心主義的な、中流階級の考え方からすればそう見えた。それはトマトケチャップのボトルである。自家製のサモサ、肉汁たっぷりのケバブ、いい匂いのする米料理に囲まれて、それは我が物顔でそこにあった。わたしは愕然とした。だがすぐに、ハインツのケチャップボトルはこの異国の地で、新しい時代が到来した象徴なのだということに気づいた。少なくとも多くの女性たちが「ケチャップってディズニーランドと同じで、なにか違う感じがする」と考えていた社会で、このエキゾチックな食べ物は、溶け込んではいないにせよ、ある種の順応はしているように見えた。

スパイスの効いたこのソースは、ついにもとの場所に戻ってきた。そんな皮肉めいた考えも浮かんだ。じつは、ケチャップのレシピは18世紀初めにイギリスで最初に生まれた。イギリスの貿易商や入植者が東アジアや東南アジアで食べていた日持ちのする調味料が、ケチャップの由来なのだ。これらの地域では、いろいろな見た目の調味料をケチアプ（Kētsiap）とかケチャップ（kecap）と呼んでいた。貿易商や入植者たちはその味を再現しようとしたが、おもな材料のひとつの大豆がヨーロッパにはないため、代わりにアンチョビ、キノコ、クルミ、牡蠣《かき》を使ったらしい。もともとは裏ごしされた液体だったが、いつの間にかさまざまな味が生まれ、酢の酸味とかすかな甘みの効いたソースになった。[7] しかし、その頃もまだ、ケチャップ、ソース、レリッシュ［みじん切り野菜の甘酢調味料］、ピクルス、チャツネの違いは、あまりはっきりしていなかった。

ケチャップにトマトを使うようになったのは、アメリカ人のおかげと考えられている。18世紀後半から19世紀の初めに、キャッツアップ（catsup）またはキャッチアップ（catchup）という言葉が次第に使われはじめ、イギリスで生まれたケチャップではなく、もっと濃厚で酢が効いていない調味料を意味するようになった。トマトケチャップの最初のレシピとして知られるのは、園芸家で料理家のジェームズ・ミースによるものだ。1812年にフィラデルフィアで出版された『役立つ知識の説明書 *Archives of Useful Knowledge*』で紹介された。アンドルー・F・スミスによれば、19世紀の初めには、「トマトソース」と「トマトケチャップ」という言葉は、実質的にはほぼ同じものを指していたらしい。ただ、トマトケチャップは日持ちのする保存食品、トマトソースはつくったらすぐに食べるもの、という違いがあった。

その後、ケチャップは多くの本に登場する。メアリー・ランドルフは著書『バージニアの主婦

Virginia Housewife』（1824年）で、トマトを使ったレシピを17も紹介した。その中には、トマト・マーマレードのレシピがふたつ、ケチャップのレシピがひとつあった。ニューイングランド地方の料理研究家リディア・マリア・チャイルドは、『アメリカの質素な主婦 *The American Frugal Housewife*』（1833年）で「トマトでつくるケチャップが最高においしい」と書いている。同じく食の歴史にくわしいエリザベス・ロズィンは、トマトはたくさん獲れるので、余った分を保存するのは当たり前だったと述べた。さらに、イギリス人はトマトを野菜ではなく果物と考えているので、「リンゴやベリー類に味をつけるのと同じように甘みやスパイスを加えた」とも書いている。特に、イギリスとアメリカで安価な精製糖が爆発的に普及すると、ケチャップにもそれを使ったという。[8]

しかし、ケチャップづくりは時間のかかる面倒な仕事だった。だから1850年代に缶詰工場の副産物として市販のケチャップが出まわるようになると、自家製のケチャップは姿を消した。わざわざ手づくりする人などいなくなったのだ。一からつくるよりも、店で買ったほうが安くて、時間もかからず、便利だった。1896年になる頃には、トマトケチャップはアメリカで人気のソースになった。かつてニューヨークで発行されていた新聞『ニューヨーク・トリビューン』は、ケチャップはアメリカ中のすべての食卓にある、アメリカを代表する調味料だと称えた。1915年までに800種類を超えるケチャップがつくられたことがわかっているが、たぶんこれは全体のほんの一部にすぎないだろう、とアンドルー・F・スミスは指摘している。

アメリカのおいしいケチャップの基準も、人々の味覚の変化とともに変わっていった。自家製のケチャップはなめらかさが足りないし、くすんだ色をしていた。それに比べて、市販のものは色鮮やかで濃厚。砂糖、酢、塩がたっぷり入っていて、調理された料理につけても調味料として使ってもよかった。トマトケチャップと一言で言っても、レシピを見ればじつに多様な味がある。タマネギ、メース（ナツメグの皮）、クローブ（チョウジ）、ナツメグ、黒コショウ、ブラウンシュガーといったさまざまな食材と混ぜ合わせて、味に変化をつけることができた。アメリカの料理は肉が多いため、肉を焼きすぎたときや肉が小さいとき、あるいは味がなんとなく足りないときに、料理の味を引き上げるためにトマトケチャップは欠かせないものとなった。

パスタとトマトソースがイタリア料理やイタリア系アメリカ料理と切っても切れない関係にあるのと同様に、ケチャップとハンバーガーは、アメリカの食の歴史のなかで、似たような運命にあった。もちろん、ケチャップはホットドッグやフライドポテトとも相性がよいが、ハンバーガーにはかなわない。ハインツケチャップのウィットに富んだ、伝説的な広告のひとつに「ハンバーガーのところに連れていって！」というキャッチコピーがあるが、これはケチャップとハンバーガーの関係をよくあらわしている。この組み合わせは、アメリカという国の国民性――民主的で、堅実で、実用本位で、すべての人々に開かれた国――の象徴だった。

19世紀の後半、ヘンリー・J・ハインツはペンシルバニア州で、ピクルスと西洋わさびの瓶詰会社を起こした。これがケチャップのパイオニア、ハインツの始まりである。創業当初は浮き沈みもあったが、やがて会社は繁盛し、商品の品ぞろえも増え、１８７６年にトマトケチャップの販

スープやケチャップなど、ハインツのさまざまな商品の広告。ボストンクッキングスクールの広報誌より。1908年。

売に乗り出した。スミスが言うように「現在世界中で知られている組み合わせ——ボトル中心部のラベル、首の部分のラベル、ねじ蓋、八角形のボトルの形——は、１８９０年にはもう生まれていた」[9]。ハインツの年間生産量は、15年後には５００万本以上、翌年には１２００万本を超え、ケチャップは大ヒット商品となる。

成功の鍵は広告だった。ハインツはアメリカ全土の商品見本市に出展し、路面電車や各種看板に広告を出した。ニュージャージー州アトランティックシティの海辺には桟橋までつくり、料理のデモや無料サンプルの配布、商品の紹介をした。１９００年には、6階建てのビルと同じくらいの巨大のトマトケチャップのボトルに、ニューヨークで最初の大きなネオンサインを掲げている。１９２０

トマトの形をしたケチャップ容器

年代から30年代には、つくり手のプロ意識、丸ごとのトマトでできたケチャップ、幅広い人気といったさまざまなテーマを打ち出し、効果的なマーケティングを展開した。キャッチコピーは「110か国で愛されるケチャップ！」。その後は、「赤い魔法」を使った料理をコンセプトに売上をのばし、1950年代に、ケチャップを使ったレシピだけを集めた初の料理書『ケチャップ料理コンテスト *Cook with Ketchup Contest*』を発売した。この本には、「レバーミートローフのハイランド風蒸し焼き」や「クリムゾンフルーツケーキ」などの絶品料理が載っている。

トマトスープのときと同じく、重要なのはケチャップに適したトマトを見つけることだった。最初は大きな実をつける品種が使われていたが、これらは水分が多くて果肉が少なかった。数多く実をつける品種、深い赤色の品種が好ましかったが、それだけではなく、病気に強く、完熟しても割れにくく、硬くて鮮やかな色で「濃厚でコクのある」ケチャップができる品種をハインツは求めていた。また、機械で収穫するようになると、すべての実が一斉に熟す品種が望まれた。早くも１９２６年から、ハインツは契約農家にトマトの苗を支給し、ハインツの社員が栽培を監督するようになる。

現在、ハインツは世界最大の食品会社のひとつであるだけでなく、最大のケチャップ生産企業でもある。大小さまざまな瓶、プラスチックチューブ、容器で、年間約６億５０００万本ものケチャップを生産している。ケチャップは、アメリカ人の食生活のなかで真っ赤な旗を掲げて存在感を示し、まさに「人種のるつぼ」アメリカをあらわす食べ物となった。だが、何たる時代、何たるモラルだろう！　最近のアメリカでは、ケチャップよりも、トマト、トウガラシ、タマネギ、香辛料が入ったメキシコのサルサのほうがずっと人気があるらしい。アステカ族はさぞニンマリしていることだろう。

アメリカの有名な司会者ギャリソン・キーラーのラジオ番組『プレーリー・ホーム・コンパニオン *A Prairie Home Companion*』では、何十年ものあいだ「ケチャップ・アドバイザリーボード」の宣伝を流していた。ケチャップ・アドバイザリーボードとは、「天然の精神安定剤」と言われるトマトケチャップの普及を後押しする架空の業界団体。宣伝では、ケチャップをいつも口にしていないと衝動的におかしな行動をとってしまう人物が描かれていた——ケチャップを食べたときだけ気持ちが落ち着くのだ。もちろんこれは喜劇だった。でも人々は大いに共感したのである。

第7章◉温室とその先の技術

◉栽培技術の進歩

定植前のトマトの苗を寒さから守る方法はふたつあった。温床《おんしょう》と温室である。これらのおかげで、トマトを早く出荷することができた。温床はたいてい醗酵した大量の馬糞の熱を利用して温める。一方、温室は燃料を直接燃やして温めるため、温床よりも栽培期間をのばすことができた。

初めの頃、人々は自分の家で食べるトマトを栽培するときに温床を使った。また、温床を持つことは貴族の地位の象徴でもあった。やがて、19世紀初めに板ガラスが登場する。それまでより透明度が高く、光をよく通すガラスは、当時としては画期的だった。１８３７年にイギリスの造園家サー・ジョセフ・パクストンが、このガラスを使って、北イングランドの大邸宅チャッツワース・ハウスに巨大な温室を建てたことはよく知られている。パクストンはその後、ロンドン万国博覧会

初期の頃の商業温室は、板ガラスのおかげで光をさえぎることなく室温を保てたため、生産者にとってありがたいものだった。

の会場としてクリスタル・パレスというガラス張りの建物もつくった。1845年にガラス税が撤廃されたことも、この新しい技術の追い風となり、新たな産業を学ぼうと、ベルギーやオランダからたくさんの若者がイギリスへやってきた。[1]

かつてトマトは上流階級の私有地で栽培されていたが、やがて中流階級の素人園芸家にも広まった。1920年代から30年代のイギリスでは、労働者階級に「アロットメント」と呼ばれる市民菜園が与えられ、そこに小さな温室をつくるという、郊外で見られるような習慣が広まっていた。こうした温室で、旬の時期だけでなく、一年中トマトを収穫する方法が根づいていった。

商業栽培の世界はどうだったのだろう。

初期のトマト品種の広告。ムーア＆サイモンの種子購入ガイドより。1902年。

特にアメリカでは、生食用トマトの需要が増えたために、農家はとにかく収穫時期が早い品種や収穫期間が長い品種を開発しようと改良を重ねていた。１９０８年に種子会社のメイ社が出した「ファースト・オブ・オール・トマト」という広告を見れば当時の状況がよくわかる。「世界でいちばん早い」と誇らしげにうたい、「現在のほかの品種より1週間から10日は早く」熟れると約束していた。[2]

だが、収穫期を変えられる、早く実がなるトマトというだけでは、ひとつの品種とは言えない。当時は、市場や食卓に早くトマトを届けようとするあまり、実が小さい、見た目がよくないといった欠点は見逃されていた。早さのためには品質には目をつぶる、というわけだった。１９２５年のある文献にはこう書かれている。「早採りトマトに夢中」になりすぎて、「ニューヨーク市民は、完熟する前に温室で収穫された、淡いピンク色でつやもないトマトを買っている。それを1ポンド（約４５０グラム）買うのに、15セントから30セントも喜んで払っている――ただ1月に買えるというだけで。７月の本来のトマトなら、50セント払えば1ブッシェル（約28キロ）も買えるというのに」[3]

しかし、屋外で栽培される南部のトマトのほうがよいかというと、そういうわけでもなかった。南部では、遠い北部の市場に送るためにまだ硬い緑色のうちに収穫し、あとから熟させるためにエチレンガスをスプレーしていた。そうして熟れたトマトは粉っぽく、硬い食感になり、冷蔵庫に入れるとさらに味が落ちてしまう。だが、どんな欠点やデメリットがあるにせよ、今や消費者は一年中トマトを買い求め、味わうことができるようになったのは事実だ。[4]
もちろん、おいしくないトマトが増えるのは問題だった。トマトの生産者は、１９８０年代の「ドイツ水爆弾《みずばくだん》事件」ともいえる事態を思い出しては、いまだにぞっとするらしい。当時、オランダのトマト栽培は大打撃を受けたからだ。オランダにとって最大の市場だったドイツの消費者は、できるだけ値段の安いトマトを求めていた。一方のオランダは、安定供給と利益の確保を同時に実現しなければならない。両国はトマトの供給と需要をめぐる複雑な駆け引きに明け暮れるようになり、結局トマトの味が落ちていった。オランダのトマトはつややかな赤い「水爆弾」とまで言われ、ドイツから見向きもされなくなってしまった。[5]

今日、商業栽培の世界は変わりつづけている。国際貿易が爆発的に増え、今や世界のどこにいても、本来は夏の果実であるトマトを一年中口にすることができる。ガラス、プラスチック、ポリエチレンの温室で育ったもの、人工的な光と熱で栽培されたもの、南半球の太陽のもとで育ったもの――どこでもいつでも手に入る。温室には最新の技術が導入されている。ミツバチを介して授粉し、スズメバチやテントウムシがアブラムシを食べる。コンピューター管理の灌水《かんすい》・栄養システムを利用して、人工素材のロックウールやパーライトが水耕栽培トマトの培地《ばいち》として使われている。トマトのつるは熱帯のジャングルのように上へ上へと伸び、作業員は可動式の台とパイプの線路で遠くの列にも楽々と動くことができる――。これらをマーク・ハーベイ、スティーブ・クイリー、ヒュー・バイノンは著書『トマトを探る』で、「人間がつくった自然」と呼んだ。自然でありながら、

水耕栽培のトマト。土を使わず、栄養豊富な養液の中で栽培する。パーライト、礫岩、あるいはこの写真のようにココナッツの繊維で培地をつくって根を支える場合もある。

同時に人工的なのだ。[6]

これに対して、自然の太陽光を最大限に利用する温室栽培ならば環境にやさしいだろうと多くの人は思うかもしれない。しかし、温室栽培にしても考慮しなければならないことはいくつもある。たとえば、温室を温める際のエネルギー効率を高め、（少なくともイギリスでは）農薬の使用をかぎりなくゼロに減らし、化学肥料の使用と自然環境への廃棄を大きく減らし、水の利用を効率化する必要がある。また、「フードマイレージ」［食糧の輸送に伴い排出される二酸化炭素量の指標］が生じる輸入を減らし、環境に優しい農業を進めなければならない。言うまでもなく、スペインでも毎日太陽が輝いているわけではない。今では多くの作物が、頻繁に取り換えが必要なポリエチレンの温室で栽培されている。発電と熱供給を同時に行う熱源供給システム（ＣＨＰ）を取り入れてトマトの温室に発電機を置けば、二酸化炭素の排出量を減らすこともできる。最近では、温室を温めるのに藁《わら》や木材チップといった再生可能エネルギーを利用する生産者もいる。[7]

光合成のスピードをあげるためにガラスの屋根の下で栽培するなど、照明の利用も効率化が進んでいる。たとえば、ＬＥＤ照明を使いつつ、直接光の強い光ではなく散光《さんこう》のやわらかい光にすると収穫量やビタミンＣ含有量が増えるのではないか、と生産者は研究を重ねている。トマトの生産大国オランダでは、温室効果ガスの排出量を減らし、使用する水や土を減らすのはもちろんだが、同時に省エネルギーが今後10年間の重要な目標だという。[8]

土の管理も大切だ。温室の土は頻繁に入れ替えるか、あるいは大量の肥料を与えて毎年手入れをしなければならない。アメリカでは１９２５年頃から、必要な栄養分をすべて含んだ養液を使った栽培が関心を集めるようになった。そのひとつである水耕栽培の技術は、今ではいたるところで使われている。勾配がきつすぎて農業に適さない山岳地帯、都会の屋上やコンクリートの校庭、そして北極圏の村々で、不毛な砂漠の砂からでも塩分を取りのぞいた海水からでも、農作物を効率よく収穫することができる。人口が多い地域や観光地では、土地の値段が高騰し、伝統的な農業ができなくなりつつあるが、水耕栽培や空中栽培を利用すれば、新鮮なサラダ用野菜やハーブ、切り花などの付加価値の高い特産品を地元で育てることができる。[9] オーガニック［有機栽培］のトマトは別として、今やヨーロッパや北アメリカでは、土から直接栽培されたトマトはほとんど売られてい

アクアポニック・ファームでは、伝統的な水産養殖（魚などの水産物の養殖）と水耕栽培（土を使わない農産物の栽培）を統合システムのなかで同時に行う。

ない。

こうした新しい栽培方法は、新しいビジネスも生み出している。そのひとつがイスラエルの新興企業リビングボックス社だ。この会社がめざしているのは、ベドウィンの家族がネゲブ砂漠の乾いた過酷な環境で、新鮮な野菜を育てられるようにすること。コンパクトな水耕栽培キットを開発して大量生産し、低価格で販売している。農業のトレーニングを受けていない人でも簡単に扱えるキットである。リビングボックス社はテルアビブ中心部にあるショッピングモールの屋上に水耕栽培の商業温室も持っており、できたサラダ用野菜を町の多くのレストランや食料品店に出荷している。[10]

ほかにも、ニューヨークを拠点とするベンチャー企業ブライトファームズ社もよい例だ。都市型のアクアポニック・ファーム［野菜の水

カナダ・モントリオールのルファファームで栽培されるトマト。世界初の屋上型の商業温室である。

耕栽培と魚の養殖を統合させた農場」と温室を建設し、半径32キロ以内で育てた農作物を販売するため、アメリカ北東部と中西部の10社を超える大手小売チェーンとパートナー契約を結んだ。スーパーマーケットの屋上に温室をつくる計画を進めている。また、海面の上昇で耕地が失われつつあるバングラデシュでも、垂直方向に積み上げたコンテナで作物を栽培する、新しい取り組みが始まっている。２０１１年には、シカゴのオヘア国際空港が、世界初の空中栽培の空港ガーデンを取り入れた。１１００箇所以上の植えつけ場所のある26本の支柱に、野菜、サラダ用野菜、ハーブなどをつり下げて栽培している。収穫した野菜は空港内の多くのレストランで使われる。２０１８年末には、ドバイのアール・マクトゥーム国際空港で世界最大の垂直型ファーム［高い垂直棚でLED照明、栄養剤、水耕栽培を活用するファーム］の建設が始まった。閉ループ式のリサイクルシステムを使って、使用する水の量を従来型の農業の1パーセントほどに減らす計画だという。[11]

こうしたプロジェクトで、世界の食料問題が解決するかのような楽観的な見方もある。だが、ミネソタ大学で食料安全保障と食の持続可能性を研究するポール・ウェストによれば、そんなに簡単な話ではない。「たとえ世界中のすべての都市のすべての屋上に温室をつくったとしても、面積が小さすぎて、地球上の全人口を養うことはできないだろう」とウェストは話す。[12]

さて、トマトを育てる際にもっとも重要な問題は何だろう？　それは、気温が高い（低い）、雨が多い（少ない）、土壌のpH濃度が酸性（アルカリ性）といったさまざまな環境に合った育て方をしなければならないことだ。たとえば、乾燥した場所で灌漑《かんがい》をせずに育てる場合、トマトは植えつけた後はあまり水やりをしない。そうすることで、根は地中の雨水を求めてしっかりと深く伸び、「濃厚な味」の実をつける。雨が少ない年は収穫量が減ってしまうものの、そのかわり、味はひときわおいしくなる。だがこうした栽培方法は、雨季のあとに乾季がやってくる地域に合ったやり方であって、すべての場合に当てはまるわけではない。

　トマトの栽培方法について、パスカル・ポートがおもしろい成果を報告している。彼はフランス・エロー県の乾燥した岩だらけの地で有機農業を営んでいる。彼の栽培方法は、よい土をつくることだけに集中して植物は自然にまかせてほうっておくというもの。保存していた多くの種類の種子を使って、古くから伝わる、いわゆる「保温発芽法」を行う。つまり、前の年にとれた種子を温室の中で堆肥《たいひ》の層の中に置いて数日間そのままにしておき、発芽したら植えつける——そしてまた、ほうっておくというものだ。この方法で、水やりも、化学肥料も、農薬も、きめ細かい世話さえもせずに、約４００種類ものオーガニックトマトを栽培できると彼は言う。残念ながらそれらの種子の大部分はＥＵの野菜品種の公式カタログに登録していないため「違法」と見られている。もっとも彼自身は、種子バンクを多国籍企業が独占しているせいだと言っているのだが[13]——。

　砂漠や乾燥した地域でも、収穫量を増やすための取り組みが進んでいる。スペインの沿岸部は気温が高く乾燥しているため、多くのトマト栽培農家はこれまで一部の品種を真夏も比較的涼しい内陸部で栽培していた。だが現在、ＴｏｍＧＥＭというヨーロッパのプロジェクトが、その意欲的な取り組みを期待されている。ＴｏｍＧＥＭは、暑さに強い品種、スペインのバレンシア地方などで7月や8月にも費用対効果の高い栽培ができる品種の開発をめざしている。反対に寒い地域では、マイナス46℃にもなるトルコ東部の町ヴァンで、2016年に地熱発電の温室で初めてトマトの収穫に成功した。[14]

海水や太陽光発電を利用した栽培法も注目を集めている。太陽光を使って塩分を取りのぞいた海水で土地を灌漑《かんがい》し、またエネルギー供給にも太陽光発電を利用するのである。人口増加で食料ニーズが増えているのに、乾燥した気候のために対応できない国にとって、これは朗報だ。もともとはイギリスのシーウォーター・グリーンハウス社のチャーリー・パトンのアイデアだった。同社は環境保護の賞も受賞し、現在はスペインのテネリフェ島、アラブ首長国連邦のアブダビ、オマーン、オーストラリア、ソマリランドで実験的な取り組みを進めている。シーウォーター・グリーンハウスのかつてのパートナー、サンドロップ・ファームズ社も、少し違った技術を使ってはいるが同じ目的をめざしている。オーストラリアのポートオーガスタを拠点とし、ポルトガルのオデミラとアメリカのテネシー州でプロジェクトを展開している。

かつて、アステカの都市テノチティトランの畑や市場に並んでいたトマト。長い旅の末、トマトの栽培は大きな変化をとげた。

●収穫と労働問題

19世紀、アメリカ大陸横断鉄道が開通した。新鮮なトマトが東海岸と西海岸を往復し、またフロリダから北のシカゴへと輸送できるようになった。ニュージャージー州では、その頃にはトマトはもっとも利益の出る作物になっていたが、同時に労働問題に直面していた。大規模な農場では、トマトの摘み取り作業者はもっぱらアフリカ系アメリカ人に頼っていた。缶詰工場は女性だけを雇い、たいてい肌の色で待遇を差別していた。忙しいのは夏の収穫シーズンだけで、それが終わると仕事はほとんどなかった。[15] 一方、カリフォルニア州は低賃金の外国人労働者、とりわけ「ブラセロ」と呼ばれるメキシコからの出稼ぎ労働者を大量に雇い、加工用トマトの一大生産地になりつつあった。

第二次世界大戦が始まるとアメリカ中の農場で労働力が不足し、それは戦後も長いあいだ続いた。トマトは労働集約性が高い作物のため、トマトの栽培はほかの産業以上に大きな打撃を受けた。生産を拡大しようと計画していたカリフォルニア州とフロリダ州では、状況はとりわけ深刻だった。ただし中西部や中部大西洋沿岸地域と比べれば、カリフォルニア州やフロリダ州の生産者は、地理的に近い外国からの移民労働者を雇うことができ、また収穫作業に移民労働者を利用できるよう連邦政府にうまくロビー活動もしていた。[16]

労働力が足りないと、ほぼすべてのトマトが商品にならないこともある。ほとんどの場合、トマトは収穫に適した時期をのがすと、数週間ですべての実が傷んでしまうからだ。だが1950年代の末になると、移民労働者を使う仕組みへの批判が高まっていく。特にアメリカの労働組合の指導者は、農業や工業の分野で賃金があがらないのは移民労働者を使いつづけているせいだとして激しい非難の声をあげた。

メキシコの移民労働者が使えなくなるとしたら、カリフォルニア州のトマト産業は壊滅してしまう。そこで注目されたのが、トマトの機械収穫である。トマト収穫機（のちには電動仕分け機）を共同で開発し、金属のグリップでつかんでも実が傷まないような交配種を生み出せれば、トマト栽培に革命を起こすだろう。こう考えて、カリフォルニア大学デービス校のふたりの技術者が開発に乗り出したのだ。[17] 1940年代に始まり、その後20年以上も続いたこのプロジェクトでは、4つの特徴をもったトマトの開発をめざした。実が一斉に均一に熟れること、丈が低く1株になるトマトの数が少ないこと、トマトの実がつるから楽に取れること（でもあまりにも取れやすいのはよくない）、機械で収穫しても実が丈夫でつぶれにくいことである。

当初、農家の関心は薄かった。そのトマト収穫機が1台25000ドルと高額だったからだろう。ところが、連邦政府がメキシコからの出稼ぎ労働者を取り締まる方針を決定すると、パニックが起こる。多くの生産者が農場を去っていったが、それでもあきらめなかった生産者たちが共同で機械の導入を進めた。[18]

生食用トマトを夏以外の時期に収穫するフロリダ州でも、機械を使った栽培は注目を集めつつあった。1960年代にキューバやメキシコからの輸入が増えるにつれて、市場が奪われるおそれが出てきたからだ。生食用トマトは缶詰用のトマトよりもつぶれやすいため、農家は仕分けや収穫の効率をあげるために巨大な「畑内工場」をつくった。相変わらず大勢の労働者は必要だったが、連邦政府が保護貿易政策をとったため、ある程度まではコストは吸収できた。[19] しかし現在でも、温室での栽培費用の3割から5割は人件費と言われている。今後はロボットの活用が欠かせないだろう。たとえば、イスラエルの新興企業メトモーション社は、ハイテク温室用の多目的ロボットシステムを開発している。これは、収穫だけでなく植物のストレスや収穫量などの作物データも集めるシステムだ。メトモーション社は今後、摘心《てきしん》やわき芽かき［いずれも、適切な数と大きさの実を収穫するために不要な新しい芽を摘み取ること］、種々の管理作業、授粉にもロボットを取り入れる予定だという。[20]

とはいえ、手作業を担う労働者がいらなくなるには、まだ長い時間がかかるだろう。労働者をめぐるおそろしい事件も、いまだにたびたび報告されている。違法な化学薬品が散布された畑で収穫をしていた労働者が被害を受けた事件、滞在許可証を持たない不法移民労働者が賃金の大部分を支払われないまま監禁される事件もあった。フロリダ州イモカリー地区は、「現代の奴隷制の中心地」と言われている。何年か前には、トマトの収穫中に農薬にさらされた女性たちから、大勢の——衝撃的な人数の——重度の奇形児が生まれた。[21]

2001年、イモカリー労働者連合は抗議の声をあげ、タコベルを相手に商品不買運動を始めた。タコベルとは、ヤム・ブランズを親会社とし、ピザハット、ケンタッキーフライドチキン、A&W、ロング・ジョン・シルヴァースを傘下に抱える大手ファーストフードチェーンである。また2004年には「畑の中のスウェットショップ（搾取工場）」への抗議運動をきっかけに大規模なデモが起こり、カリフォルニアのタコベル本社前では10日間のハンガーストライキまで行われた。

まもなく、ヤム・ブランズはイモカリー労働者連合の要求をのみ、労働者が摘み取るトマトの出来高給を1ポンド（約450グラム）あたり1セント引き上げると約束した。たったの1セント——巨大企業にとってはわずかな金額だが、貧困レベルを下まわる労働者にとっては大きな違いだった。その2年後にはマクドナルドが賃金の引き上げに同意した。バーガーキング、サブウェイ、ホールフーズ・マーケットも、トマト栽培者交流会の支援を受けて抵抗はしたものの、2008年には賃上げに同意している。だがそれでも、トマトの生産者たちはあくまでもこの同意に反対した。大手チェーンが労働者の賃金を引き上げてもトマト生産者に直接費用はかからないというのに、賃上げには断固反対したのである。

それからさらに2年。カナダ、メキシコ、アメリカでは世間からの批判がいよいよ大きくなった。裁判が泥沼化し、労働者の賃金が悲惨にも据え置かれるなか、トマトの価格が暴落し、従来型のトマト生産者と温室栽培や水耕栽培などのハイテク事業者との競争も激しくなった。こうした経緯を経て、2010年についに「フェアフード行動規範」が広く合意された。[22] 食の未来を見すえた、この画期的な規範は、農業労働者の賃金の引き上げを実現した（それでも貧困ライン以下の賃金しか受け取れない者が多かった）。また、人間の人権、社会権、労働権を守るための法的拘束力ある仕組みをつくろうとした。だが残念ながら、2015年にはまた争いが起きる。この規範への同意を拒んでいた大手ハンバーガーチェーンのウェンディーズが、フロリダの代わりにメキシコからトマトを購入すると決めたのだ。アメリカに比べてメキシコの労働者への保護が手薄だったからだろう。2018年に再び起こった抗議運動にもかかわらず、ウェンディーズはいまだ態度を変えていない。トマトの購入先を変えたのはフェアフード行動規範が原因ではない、メキシコのトマトのほうが品質が高いからだ、とウェンディーズは主張している。[23]

こうした労働者の搾取は、北アメリカに限ったものではない。問題はヨーロッパでも深刻だ。年間20億ユーロを稼ぎ出すトマトの一大産地、スペインのアルメリア郊外には、きらきら光る見わたすかぎりの「プラスチックの海」が広がっている。トマトのビニールハウスだ。別名「ポリエチレン海岸」とも呼ばれる地域である。これまでモロッコ、西アフリカ、ルーマニアからきた何千人という低賃金労働者がここで働いてきた（そして今も働いている）。多国籍の大手スーパーマーケットが独占し、圧力を強めるフードチェーンの底にいるのは、こうした労働者なのだ。

イタリアでも、出稼ぎ労働者が増えるにつれて違法なトマト収穫産業にのみ込まれる労働者が急増している。彼らは強制収容所のような場所で、不法労働を斡旋《あっせん》する怪しい仲介業者に奴隷のように扱われている。[24] 複数の企業、労働組合、NGOの連合組織である倫理的取引イニシアチブ（ETI）が2015年12月に発表した調査結果によれば、出稼ぎの季節労働者は極度の貧困状態にあるという。十分な水も衛生設備もない廃墟やテント村で暮らし、医者にかかることもほとんど、あるいはまったくできない。[25]

トマトが歩んだ歴史の味わいを感じつつ、わたしたち消費者は、その裏にひそむ犠牲からつい目をそむけてしまう。現代のトマトは、「非人間的な」トマトと言えるのかもしれない。

第8章◉品種、オーガニック、エアルーム

◉品種開発

何世紀も前にヨーロッパにわたってきて以来、トマトは常に改良されてきた。それどころか、ヨーロッパの土地ならではの思いがけない変化も生まれた。じつは、もともと大部分の野生のトマトでは授粉にコハナバチの媒介が必要だった。だが地中海地方にはコハナバチがいなかったため、ハチがいなくても自力で受粉できる、めずらしいトマトだけが生き残ったのだ。その結果、ヨーロッパの植物学者や園芸家は期せずして、よい種子を選べば、望ましい性質のトマトを簡単に繰り返しつくり出すことができた。[1]

トマトは比較的育てやすい植物だ。さまざまな土壌や気候条件のもとでよく育ち、雑草だらけの荒れた土地でも芽を出せる。品種によっては、成長も実がなるのも早く、収穫もしやすい（少なく

つる付きの完熟トマト。スペイン。

ともジャガイモを掘り出すよりは簡単だ）。アンドルー・F・スミスによれば、かつてニュージャージー州で発行されていた新聞『モリスカウンティ・ホイッグ』は、19世紀に「手がかからず、楽に栽培できて、きちんと育てれば実がたくさんなる。こんな野菜はほかにない」と書いている。

トマトの品種改良は、「トロフィー・トマト」の登場で大きく前進した。ニューヨークのT・J・ハンズ博士が、チェリートマトと、広く育てられているでこぼこした大きなトマトを交配してつくり出した品種だ。これは「果肉と果汁がぎっしり詰まった、種が小さくて皮がなめらかな」トマトで、アメリカ南北戦争が終わった時代の「はかり知れない成功」とも言われた。[2] だが、さらに重要なのがアレキサンダー・リビングストンの研究だった。トマトの専門家クレッグ・レフリアーは、リビングストンについて「19世紀後半の、世界でもっとも創造力豊かなトマト育種家だった」と語っている。リビングストンは、皮がすべすべしたパラゴンやアクメといった、優れた品種を数多くつくり出した。おそらく彼の最大の功績は、さまざまな市場のニーズごとに違ったトマトをつくり出す方法を見つけ出したことだろう。[3]

商業栽培のための交配種［F1種］は、ふたつの違う親品種（原種）のトマトを人工授粉してつくる。それぞれの品種がもつ良い性質、たとえば早く熟れる、なめらかな皮といった性質を受け継ぐ子孫をつくろうとするのだ。しかし、できた品種は交配種のため種子がうまく育たないことが多い。つまり、農家は翌年以降に使う種子を残すことができず、毎年新しい種子を買わなければならない。

それでも、交配種は農家にとって魅力的だった。確実に育ち、しかもすべてが同じ時期に同じ形に育つ。代々受け継がれてきた原種に比べて、（たいていの場合は）病気にも強い。そのため、トマト栽培農家は高くても交配種の種子を買おうとした。交配種から取れた種子でもトマトは育つが、1代目のトマトのように育つとは限らない、とレフリアーは言う。普通のトマト栽培者にとっては、限られた栽培スペースと労働量に見合わないトマトしかできないかもしれない——だから交配種の種子を買うしかない、という。[4]

1946年に、「シングルクロス」という初めての交配種トマトが発売された。だがトマトの品種改良の世界に大きなインパクトを与えたのは、1949年に発売された「ビッグボーイ」だった。バーピー社から発売されたこの品種は、その大きさと実付きのよさが画期的だった。大きくてなめらか、丸くて赤いこのトマトは、商品としてのトマトの手本となった。レフリアーによれば、第二次世界大戦直後のこの時代、ビッグボーイはいかにもアメリカ的なトマトとして登場した。そして、まさしく「勝利の庭」にふさわしいトマトだった。[5]

やがて、化学肥料の使用とともにアグリビジネスが発展すると、生食用と加工用の両方両方で新しい交配種が続々と登場した。20世紀後半、さまざまに優れた性質をもつトマトをつくろうと品種改良が進む。実が多く付き、日持ちがよく、栄養価が高く、できるだけ安い費用で生産できるトマトが望ましかった。味は二の次だった。

おもにファーストフードチェーンにトマトを提供していたフロリダでは、ハンバーガー用トマトの栽培が主流になっていく。大きくて硬くて、ハンバーガーの大きさにぴったり合うようにミリ単位でスライスできるトマト。皮が厚くてつぶれにくく、長距離を輸送しても、何度も触っても、長期間冷蔵しても平気なトマト――こうした品種が栽培されるようになった。冷蔵庫で冷やしてエチレンガスで完熟させると、トマトの自然な風味が失われてしまうのだが、何より優先すべきはスーパーマーケットや食品企業の要求だった。彼らが求めたのは、丸くて、なめらかで、大きさがそろっていて、真っ赤なトマトだった。硬いことも大切な条件だった。政治家にトマトを投げつけるこの時代、投げても簡単につぶれず、相手にダメージだけを与える――それくらい硬いトマトが求められた。

　トマトのセールスポイントとして最近出てきたのが「つる付き完熟」トマトである。トマトはつるが付いているほうが自然のままのように見えるし、いかにもトマトらしい匂いがする、と考えた販売戦略だ。まだ緑熟期《りょくじゅくき》（色はまだ緑色だが果実の肥大はすでに最大となっている時期）の段階で、あるいは摘んでから熟れて赤くなることを見込んで、つるを付けたままトマトを摘み取る。その後はふつうのトマトと同じ方法で追熟《ついじゅく》させるのだが、つる付きのほうが高い値段で売れる。もちろん品種も重要だが、ヘタと房から漂う香りがセールスポイントになるのである。

「スナック用」トマトというコンセプトもある。忙しい消費者をターゲットに大きく販売をのばしてきた考え方だ。[6] たとえばチュニジアの乾燥地帯のオアシスで栽培される品種「サンルーカル」は、小さくて歯ごたえがよく、プラリネトマトとも言われている。長い日照時間、肥沃な土、近くの温泉からひいたミネラル豊富な水のおかげで、高い品質のトマトができる。
品種改良の目的はさまざまだ。温室栽培に適したものから、シベリアなどの短くて涼しい夏に屋外で栽培できるものまで、じつにたくさんの品種がある。いずれにしろ、機械で手早く摘めるように一斉に実が熟れるものが多い。加工用トマトも特定の大きさと種類のものが育てられ、最終的にホールトマト、カットトマト、クラッシュトマトの缶詰や、ドライトマト、ジュース、ソース、ペースト、ピューレのいずれかになる。これらの加工用品種は一般に、色づいて味が熟成してから収穫する。そのため生食用トマトの旬《しゅん》ではない冬から春にかけては、トマトの缶詰のほうが味がよく、栄養価も高い。
新しい品種の開発競争は激しいが、プレッシャーが大きいからこそめざましい成果が生まれている。フランスのシンジェンタ社は、はちみつ色をしたトマトを開発した。腐ることなく、デーツ（ナツメヤシ）のようにゆっくりと甘くなり、ジャムのような味になるトマトだ。[7] オーストラリアでは、育種専門企業アバンダント・プロデュース社が人工授粉により、50℃もの高温でも耐えられるトマトの交配種をつくり出した。すでに気温の高いパキスタンのパンジャーブ州で実験栽培に成功している。[8]
だが皮肉にも、技術が進んだにもかかわらず、種子づくりそのものはいまだに人の手に頼る部分が大きい。なぜなら、品種改良の場合、（自然な受粉を待つのではなく）人がトマトを授粉させなければならない。だから種子づくりはたいていインド、チリ、タイ、中国、台湾などの人件費の安

竹のフレームを使った中国のトマト栽培

い国々で行われている。一方、オープンソース・シード・イニシアチブ（ＯＳＳＩ）などの種子バンクは、ソフトウェア業界のオープンソースの概念にヒントを受け、社会全体で種子を共有しようという取り組みを推進している。知的財産権や企業の特許の制約から「種子を自由に」解放するための運動が始まっているのだ。

近年、加工用トマトの生産では中国が世界的な産地になりつつある。ほんの数百年前まで中華料理にトマトは使われていなかったのに、めざましい進歩である。中国にとって、トマトペーストは貴重な輸出品だ。２００５年には、激安のトマトペーストがイタリアに大量に輸出されたために、イタリアのトマトが余ってしまい、畑で腐らせるという事態になった。また、かつてはイタリアの税関で、腐って虫がわいた中国産のペーストが大量に押収された事件もあった。現時点では、ヨーロッパ産やカリフォルニア産のペーストのほうが品質が優れているものの、品質の面でもコストの面でも、競争が始まるのは時間の問題かもしれない。[9]

◉オーガニックトマト

アメリカの定評ある環境団体ＥＷＧが発表する「残留農薬の多い農産物ワースト12」。このランキングに、最上位ではないにしろいつも載っているのがトマトである。[10] 一年のある時期をとれば、アメリカの生食用トマトの90％はフロリダ州で栽培されている。だが、トマトの安全性に関する著書のあるバリー・エスタブルックによれば、フロリダはトマトを育てるには最悪な場所だという。気候も砂まじりの土壌もトマト栽培に適していないため、農家は大量の化学肥料を使わなければならない。また湿気が多いため虫が大量発生しやすく、週に1回は農薬を散布する必要がある。エスタブルックは著書『トマトランド *Tomatoland*』で、フロリダを「太陽の州」ではなく「農薬の州」だと断じている。[11]

一方、イギリスでは状況が大きく異なる。イギリスのトマト栽培ではごくわずかな農薬しか使わない。しかもこの10年で農薬の使用量は大幅に減っている。イギリスのトマト農家は、天敵を使った害虫駆除の方法をいち早く取り入れた。天敵による駆除が難しい外来種の害虫が発生しても、農薬に頼ることなく、さまざまな方法を駆使した統合的な害虫対策を行っている。[12]

有機農業が伸びている理由はさまざまだが、なかでも大きな理由はアグリビジネスの行きすぎた拡大である。農薬や化学肥料の過度の使用、味や栄養価ではなくひたすら利益最大化を目的とする作物栽培、その結果としての連作障害。わたしたちはこうした農業に、これまでずっと、そして今も不安を感じている。食べ物の生産を産業化することが必ずしも悪いわけではない。しかし、労働者の権利や虐待への関心が高まるなか、そうしたマイナスの側面のないトマトを食べたいという人が増えている（倫理観の強い有機農業の世界では、労働者の搾取が起こりにくいと考える人が多いのだろう）。

体によい安全な食べ物を求める風潮と食品の価格高騰を背景に、家庭菜園やアロットメント（市民菜園）、コミュニティーガーデンも再び盛んになりつつある。アメリカで農場を経営するティム・スタークは、工業型の農業では畑の畝《うね》は真っすぐのび、完璧な形の実が収穫できると前置きをしつつ、自分の畑について次のように語っている。

真っすぐのびる整然とした畑の風景――そんなものはここにはない。反抗的に暴れるトマト、トウガラシ、ナスが目に入るばかりだ。植えつけは手作業。除草剤は使わない。だから畝は曲がりくねり、手に負えない雑草の海に埋もれている。[13]

こうした誇り高い、挑戦的な反逆者がわたしたちの食文化をつくっている。そして、ますます多くの消費者が、地元で手づくりされた、新鮮で、自然な野菜を求めてファーマーズマーケットに足を運ぶようになっている。都会に住む人も、自動給水型のトマトの鉢植えから完全な人工照明つきの水耕システムまで、多種多様な農業用資材が買えるので、今では家の中で野菜や果物を育てることができる。[14]

●エアルームトマト

将来を見すえた交配種が増える反面、「エアルーム［「先祖伝来の家宝」の意］」トマトや「ヘリテージ［遺産］」トマトへの関心が高まっている。エアルームトマトとされている品種は何千種類もある。一体どのようなトマトを言うのだろうか？　エアルームトマトとは一般に、栽培年数が50年を超えていて、虫や風などの自然界の助けを借りて自然に受粉する品種を意味する。容易に種子を取ることができ、そのなかからよい種子を選んで翌年に使い、その繰り返しにより長い時間をかけて進化してきた品種――それがエアルームトマトである。

トマトの専門家クレッグ・レフリアーによれば、エアルームトマトやヘリテージトマトには〝歴史と価値〟がある。だが、これらはそもそも曖昧な言葉で、何年の歴史があればエアルームトマトと言えるのか、はっきりした定義はない。エアルームトマトにはふたつの種類がある、とレフリアーは言う。文字どおり、ある家族や団体が受け継ぎ育ててきた品種、もうひとつは品種改良で生まれた交配種ではなく、１９５０年より前に起源をもつ品種である。たとえば、リビングストンが「とても美しい黄色いトマト」と語った、味のよい「ゴールデンクイーン」は後者の例だ。レフリアーと同僚たちの研究のおかげで、ゴールデンクイーンは現在「フェイバレット」と「マグナス」と同じグループのエアルームトマトになった。リビングストンが紹介したこのトマトを、レフリアーたちはアメリカ農務省の遺伝資源情報網（ＧＲＩＮ）データベースにあるトマトの種子を利用してよみがえらせた。

近頃、食の未来――持続可能な食料生産、遺伝子の多様性、味の選択の自由――への懸念がふくらんでいるが、多くの種子収集家たちの努力のおかげで、消えずに生きつづけている古い品種も多い。社会学者ジェニファー・Ａ・ジョーダンは著書『食べ物の記憶 *Edible Memory*』で、生物の多様性とは食べ物の味や見た目のことではない、上流階級のライフスタイルとして取り入れるものでもない、と書いている。生物の多様性とは、目に見えない性質を指す。病気や逆境に強いか、といった性質の多様性である。いつか地球規模で環境が変化し、わたしたち人類が苦境に陥ったとき、さまざまな性質の生物がいることが役立つかもしれない。農作物の多様性は失われてきた。しかし、どれくらい失われたかを正確に把握するのは難しい、とジョーダンは言う。よく似た品種が多く、途中で名前が変わった品種もあり、体系的な記録がほとんどないためだという。

ヘリテージトマト――イギリスではこう呼ぶ――と欧州連合のＤＯＰ（原産地呼称保護）とＩＧＰ（地理表示保護）の制度で保護されるトマトは、重なるところもあるが必ずしも同じではない。ヨーロッパでは、サンマルツァーノ、ポモドリーノ・デル・ピエンノロ・デル・ベスビオ、

サンマルツァーノトマト

シチリア島のパキーノが保護の対象になっている。食の伝統と多様性の保護を掲げる国際団体スローフードは、ブルガリアのクルトブ・コナレ（ピンクトマト）、シチリア島ビリシバレーのシッカーニョトマトなど、いくつかの品種を保護対象に含めている。シッカーニョトマトは、ペーストや「3倍濃縮のエキス」にすると特においしいトマトだ。スローフードの「味の箱舟プロジェクト」［世界中で消えつつある食材・食品をリスト化し、その保存や維持に取り組む活動］には、スペイン・ブストゥリアのバスク（房つきトマト）、1930年代にスペイン、ポルトガル、イタリアの移民がブラジルに伝えたプラテンセなどの品種も含まれている。カタルーニャ地方の農場デル・ファメロの果汁の多い「吊り下げ」トマトも、このプロジェクトの候補になりそうだ。広々した土地に硬い茎が生え、ロープに吊るして育てられ、冷蔵庫に入れなくても数か月はもつトマトである。[15]
加工用トマトはめったに保護されるべき品種として認められないが、サンマルツァーノは特別だ。一部の食通の人々から熱狂的な支持を受ける品種だが、この細長いトマトはかなり誤解されている。サンマルツァーノは古くから伝わる原種ではない。「レ・ウンベルト」と「フィアスケット」を掛け合わせでできたもので、20世紀の初頭に初めて知られるようになった。ほろ苦い味、厚い果肉、小さな芯、少ない水分。缶詰やソースづくりにぴったりのトマトである。
サンマルツァーノやこれに似たタイプの品種は、どこでも栽培することはできる。だが、欧州連合が認めたイタリアの地域――南部カンパニア州のベスビオ山周辺――で育ち、栽培の基準を満たしたものだけがＤＯＰ認証を受けられる。そして、こうしたトマトだけが「真のナポリピッツァ」に使うことを認められている。だが今ではサンマルツァーノの人気が高すぎて供給が追いつかない。それに、残念ながらこの地域で公害による環境汚染が進み、サンマルツァーノの品質と収穫量に影響が出ていると思われる節もある。[16] 偽のラベルをつけて高い値段で売られる缶詰が市場にあふれているとも言われている。サンマルツァーノが「缶詰のロレックス」と呼ばれているのも無理はない。
１９７０年代、サンマルツァーノに病気が蔓延《まんえん》した。そこで缶詰会社は、アメリカ農務省が開発した「ローマ」のような、病気に強くて丈夫な交配種を栽培するようになった。悪くはないが、エアルームトマトを求める人にとっては「ローマ」は純粋な品種ではなかった。それから20年後、ほぼ失われていた本来のサンマルツァーノの遺伝情報を復活させようと、一部の会社が「チリオセレクション3」と「SMEC―20」という品種をつくった。SMEC―20は性質がもともとのサンマルツァーノとよく似ていて、今は缶詰製造者サバト・アバグネイル氏が育てている。彼の「ミラクル・オブ・サン・ジェンナーロ」というブランドの缶詰では、トマトの皮をむかずに使用したことから、DOPの基準に違反するとして問題になったこともある。いずれにせよ、この繊細な味のある皮は、加熱すると溶けて果肉と一体化する。完熟したものを夜間に手摘みするこのトマトは、まさにトマトの缶詰のためのトマトなのである。

エアルームトマトのなかには、「ごつごつした見た目で、昔風で、おじいちゃんやひいおじいちゃんが育てていたようなトマト」もある。そんなエアルームトマトの復活に、一生を通じて情熱を傾ける園芸家も少なくない。たとえば、アメリカ人のケント・ウィーリーは、バイエルン人の親戚からもらった種子を育てていたが、やがてシード・セイバーズ・エクスチェンジを立ち上げた。エアルーム野菜の種子の保存・交換に取り組む、世界最大級の組織である。[17]

そして、エアルームトマトはとにかく名前がすてきなのだ。そこには歴史、文化、個人の体験や気まぐれをもあらわす物語がある。たとえば「モーゲージリフター」。この品種の考案者は1930年代に、このトマトのおかげで6000ドルの借金（モーゲージ）を6年間で返済できたらしい。「エイブラハム・リンカーン」は当初1923年に、大統領の肖像画とともに「トマトのなかでもっとも偉大なトマト」と宣伝された。「ブランデーワイン」は、先述のレフリアーをして「トマトを食する経験としては非の打ちどころがない」と言わしめた。風味が口の中ではじける

ブランデーワイントマトの紹介。『ジョンソン＆ストロークス園芸農業マニュアル *Johnson & Stokes Garden and Farm Manual*』より。1890年。

そうだ。

イギリスのヘリテージトマトの有名な品種は、たとえば「アルサクレイグ」だ。この品種は、スコットランドのインバネス近郊で１９０８年頃に生まれたと考えられている。著作家クリストファー・ストックスによると、局地的に温暖な場所で早くに熟れる、いわゆる「スコットランドトマト」のひとつである。生産者にとっては、早い時期に出荷できるので競争に有利なトマトだ。ほかにも、すばらしい濃厚な甘みを持つ「カーターズ・ゴールデンサンライズ」がある。このトマトは、ナショナル・トラストが開催した、伝統的品種と現代品種のトマトの味を比べるコンテストで圧勝した実績を誇る。[18]

しかし、すべてのヘリテージトマトは懐かしい味がするわけではない。「昔のトマトはこんな味だったのだろう」と現代のわたしたちが甘美な思い出に浸ることができる美味とは限らないのだ。フードライターのフランク・ブルーニは『ニューヨークタイムズ』に、「エアルームトマトサラダはなぜ花ざかり?」と題した懐疑的な記事を書いている。驚くほど核心をついた意見が述べられている。エアルームトマトは味がよいものもあるが、値段ばかり高いのにちっともおいしくないものもある。一時的なブームにすぎない、販売ツールになっている、という見方もある。もっとも、エアルームトマトは大げさに宣伝され、流行のようになってはいるが、だからと言ってその植物的、文化的な価値が下がるわけではない。また、交配種のトマトはたしかに味が薄くて水っぽいし、まるで脱脂綿のような食感のものも多いが、おいしい品種もたくさんある。たとえば、チェリートマトのサンゴールドは、キャンディーのように甘く、やみつきになりそうなプチッとした食感だ。

これからはエアルームトマトと交配種を掛け合わせて、見た目も味もよく、収穫量も多く、病気にも強い品種をつくるべきではないだろうか？　ヨーロッパの「トラディトム」プロジェクトは、昔のトマトの形、大きさ、色、味を兼ね備えた交配種をつくることで、地中海沿岸地方特有の歴史的なトマト品種を復活させることをめざしている。また、その保護を受けて、メリーディエム・シード社は２０１７年に、非常に有望な新しい種類のマーマンダトマト——深緑色でひだのある、大きくてつややかなトマト——を商品化した。[19] ほかにもスパニッシュ・モンテローザなど、優れた交配種が市場に出まわっている。均整のとれていない、平らでひだのあるこのトマトは、スペイン北東部ジローナ地方の洋ナシ形のトマト（原産地呼称ＤＯ付き）とイタリアのコストルート・ジェノベーゼの交配種だ。交配種であってもエアルームトマトであっても、世界中のトマト愛好者はこうした動きを歓迎している。

ただし、次章で見ていくように、研究室で生まれる科学はこうした幸せな成果ばかりをもたらすとは限らない。遺伝子組み換えへの不安は、今もトマトの世界を覆っている。

第9章◉科学と技術

トマトはいつも本質的な問題を投げかけてきた。科学、技術、市場について、そして人間の行動が自然に与える影響について、わたしたちに問いかけてきた。トマトの歴史は、社会、政治、経済の力に直接影響を与える。そして、その逆もまた然りなのだ。

◉遺伝子組み換えと分子育種

トマトは世界初の遺伝子組み換え食品だ。科学者たちは、食料としてのトマトの栄養価と健康効果を高めるため、植物そのものを変えるという新しい境地を切り開こうとした。大豆、トウモロコシ、綿《わた》などの遺伝子組み換えは収穫量を増やすことを目的としていたが、トマトは違った。生産者ではなく、消費者のほうを向いて科学者たちは研究していたのである。

しかし、世界初の遺伝子組み換えトマト「フレーバーセーバー」は、それまでの科学者たちの努

遺伝子組み換えトマトからつくられたトマトピューレの缶詰。アメリカ。

力とはまったく異なるものだった。１９９４年に発売されたこのトマトは、果実が熟すときの遺伝子の働きを抑えるようにしたことで、収穫後も硬いままで日持ちするトマトを実現した。大きなメリットを受け取ったのは、生産者や流通業者だった。なおイギリス初の遺伝子組み換えトマトは１９９６年に発売されたピューレの缶詰となり、その後さまざまな加工食品にも使われるようになった。

だが、フレーバーセーバーもピューレの缶詰も、2年も経たないうちに市場から消えてしまう。リコピン含有量の高いトマトを開発する動きも無期限に延期となった。当時、人々の健康不安をかきたてる事件が続いており、消費者に抵抗感があったこと、食や科学への信頼が失われていたことが大きな原因だろう。開発費用も高く、肝心の遺伝子組み換えトマトの収穫量は伸び悩み、また特許の問題もあった。環境保護を訴える過激な活動家と伝統農業を大事にする人々が手を組み、「自然を守ろう」と反対運動が起こった。

それから20年あまりが過ぎ、状況は変わった。遺伝子組み換えではない「遺伝子マーカー利用」と呼ばれるバイオテクノロジーが登場したのだ。昔ながらの交配を行う品種改良は長い時間がかかり、運に頼る面が大きいため、よい結果が出るとは限らない。しかし近年、分子生物学や遺伝子マーカーを利用したＤＮＡ配列の研究が大きく進歩したおかげで、交配技術は様変わりした。フレーバーセーバーの頃と時代はすっかり変わってしまった。

こうしたバイオテクノロジーは、業界関係者からも環境保護のＮＧＯからもおおむね高く評価されている。『トマトを探る』の著者たちは、次のように書いている。

生殖細胞に遺伝子を直接入れるのではなく、雄と雌から別の個体を生み出す有性生殖によって、ある植物から別の植物へ遺伝物質が伝わるかぎり、それはあくまで交配だ。「遺伝子工学」や「遺伝子組み換え」ではない。つまり、違いは植物のＤＮＡ配列が決定される方法なのだ。[1]

イギリスのノーフォーク・プラント・サイエンス社は、紫色の果肉をした遺伝子組み換えトマトの開発に成功した。ブルーベリーやブラックベリーなど、抗酸化物質とアントシアニンを多く含む、ふたつの別々の植物種の遺伝子をトマトに移してつくったものだ。[2] だが、大きな問題がいくつかあった。ひとつは、植物の遺伝子マーカーを探す作業の費用は年々安くなっても、大量の種子をつくってそれを農家に販売するには、相変わらず多額の費用がかかることだ。だから遺伝子組み換えでは、どうしても公的な機関ではなく大手種苗会社が優位に立つ。資金も人も豊富な大手種苗会社は、最終的には優れた品種を開発することができる。だがその代償として、遺伝資源や技術がこうした会社にすべて支配されてしまうのである。[3]

では、遺伝子マーカー利用による品種改良には問題はないのだろうか？　最近話題の「バイオパイラシー（生物資源の盗賊行為）」の点から言えば、むしろこちらのほうが負の部分は大きいかもしれない。

◉野生のトマトを利用した研究

ファーマーズマーケットにずらりと並ぶ色とりどりのトマト。交配種のトマトもあれば、エアルームトマトもある。だが遺伝的に見れば、これらはすべてとても似かよっている。形、大きさ、色はさまざまでも、まさにうわべの違いでしかない。栽培化を進めるなかで近い品種間での交配を重ねてきた結果、栽培トマトの遺伝子の多様性は今ではとても小さい。ペルーやエクアドルを原産とする初期の頃の品種に現在見られる遺伝子と比べてみても、わずか5パーセントほどの多様性しかないという。

野生のトマトには貴重な性質が見られる場合が多い。病気に強い、種がない、実がたくさんなる、実の成分や色がよい、寒さや乾燥に強い、塩分濃度の高い土でも育つなど、さまざまな性質がある。商用栽培されるトマトと野生のトマトを交配すれば、こうした性質を子孫に伝えることができる。最近ではDNAハイブリダイゼーション［DNA配列間の類似性を評価する分子生物学的手法］と呼ばれる技術を使い、自然界に存在する遺伝子の性質を、交配によって栽培トマトに取り入れることができるようになった。そのためバイオテクノロジー企業は、まだ使われていない野生のトマトの遺伝子を有効活用するために、トマトの原産地アンデス地方に目を向けてきた。歴史はめぐると言うが、現代の先端技術と古代文明の地が結びつくとは不思議なものである。

野生のトマトの大部分は、狭い地域に生えている。そして、数がとても少ないので絶滅の危機にさらされやすい。残念ながら、森林を切り開きブルドーザーで土地をならして農地を広げるやり方が広まった現在、残された時間は少ない。大規模に放牧を行い、除草剤をまき、道路をつくり、都市を無秩序に広げてきた結果、野生のトマトの生息地は失われてしまった。ヤギ、ラマ、アルパカなどの家畜の群れが野生のトマトを食べたり、踏みつけたりしている。カリフォルニア大学デービス校の有名なC・M・リックトマト遺伝資源研究センターが一定量の種子と植物を収集・保存できるとしても、もとの生息地で集められたものの代わりにはならない。人の手が加わっていない環境で育ったものとは違うのだ。

また、種の絶滅や生物多様性が失われることへの不安とは別に、特許の問題も持ちあがっている。原産国、とりわけペルーやエクアドルと、多国籍企業、大学のあいだでは、植物や種子の収集が特許申請の対象として注目を浴びている。トマトはやっかいな政治問題になりつつある。

１９９２年、国連環境計画がいわゆる生物多様性条約を採択し、約１７０の国連加盟国が署名した。種や植物などの遺伝資源の利用について、国際的な取り決めを定めた条約である。たとえば、ある国の研究者が外国の生物資源を利用したい場合、まずはその外国の同意を得なければならない。その資源で何をするつもりか、資源提供国に詳細な情報を提供しなければならない。また、生物資源の利用から利益を得た企業や大学は、その利益を原産国と公平に分け合わなければならない。

２０１８年12月現在、アメリカ以外のすべての国連加盟国がこの条約を締結している。だが、条約の手続きには批判もある。原産国との交渉がじつに複雑かつ〝お役所的〟で、時間がかかる場合があるからだ。一方、特許の取得、「種子の盗賊行為」、利益の配分といった問題が国際的な場で議論されるようになり、法的、政治的に大きな課題が生まれている。

大手の農薬会社や研究所は、研究の成果は発明だから特許の対象になる、と主張している。それに対し反対者は、植物や種子を適切な許可なく持ち出したり利用したりするのは国の財産の「盗用」であり、トマトのゲノムの私有化だと訴えている。植物や種子の特許をいくつか紹介しよう。スイスのシンジェンタ社は、ペルー原産の*Solanum pennellii*（ソラナム・ペンネリ）に見られる硬い性質——工業型の農業にとっては魅力的な性質——のトマトの特許を出願した。アメリカのエボリューショナリー・ゲノミクス社は、ガラパゴス諸島固有の野生のトマトが持つふたつの遺伝子の権利を主張した。ひとつは土中の塩分と乾燥に強くなる遺伝子、もうひとつはとても甘い実をつくる遺伝子である。イスラエルの公的研究所は、ペルーに起源を持つ遺伝子の特許を申請した。コナジラミを介して伝染するトマト黄化葉巻病への耐性をつくる遺伝子だ。[4]

また、２０１７年にはフロリダ大学の研究がメディアで大きく報道された。現在の大量生産されるトマトは、質より量を追求するあまり本来の味わいを失っているが、この研究でトマトは風味を取り戻せるだろうと期待された。モンサント社の資金援助も受けて、古い品種のトマトを調べたところ、甘みと酸味に影響する物質が発見された。これがトマトの風味の決め手になるという。問題は、古い品種はやわらかくなりやすいこと、ひび割れや傷《きず》ができやすいこと、実の数が少ないことだった。研究者たちが求めていたのは、実がたくさんなり、スーパーマーケットで販売可能で、エアルームトマトの味と見た目を持ったトマトである。フロリダ大学は、こうした古いトマトと新しいトマトのよいところを受け継いだ交配種として、ガーデンジェムとガーデントレジャーを発表した。[5]

だが、批判もあった。「親」であるエアルームトマトは自然に受粉するため、知的財産に関係する制約を受けない。一般的な品種改良プログラムでは、エアルームトマトは自由に使われている。だとすれば、特許を出願する際に、新しい品種の系統がどの地域に由来するかをはっきりさせることができるのかという疑問がわく。特許反対派の中心、エドワード・ハモンドが言うように、21世紀のアメリカの大学の研究は、先住民や農家、品種改良に携わる人々がつくり出した伝統品種の化学的性質や遺伝資源を搾取してきた。ハモンドは次のように言う。

フロリダの研究者たちは、トマトの味の仕組みを化学的に明らかにし、新しい味をつくり出した。彼らはこうした科学の成果を誇りに感じているかもしれない。だが彼らは、品種改良や食材にトマトのかすかな風味を利用し、コントロールする仕組みを「特許」として認めるよう申請した。自分たちが発明し、所有するべき権利だと主張したのは恥ずべきことだ。[6]

◉未来を拓く技術

現在、トマトが栽培されていない国はほとんどない。最大の生産国は（少なくとも加工用トマトについては）中国。そして、インド、アメリカ、トルコと続く。科学者たちは自然環境にますます注意を払いながら、栽培の限界を広げるために研究を続けている。

たとえば、トマトは本来24時間周期のなかで休む時間が必要と言われてきたが、オランダの遺伝学者が新たな発見を発表した。野生のトマトが持つ、光をコントロールする性質を取り入れたトマトに24時間連続で光をあてると、トマトは休まず成長を続けるようになり、収穫量を大幅に増やすことができた。[7] トルコでは、灌漑《かんがい》や肥料を使用しなくても、乾燥や土の塩分濃度が高いといった過酷な環境でおいしい実をつける品種の研究が進んでいる。[8] アメリカでは、腐って駄目になり、普通はもう販売に適さないトマトを電気エネルギーとして利用する「トマト電池」が開発された。これは環境に優しいエネルギー源になると当時に、トマトの廃棄問題の解決策にもなるに違いない（毎年――特にフロリダでは――大量のトマトが埋立地や水路に投棄されている）。[9]

トマト加工の分野に目を移そう。缶詰用トマトの皮をむくのに必要な水の量を知れば、誰もが驚くはずだ。８３０ミリリットルの缶詰を1缶つくるには、皮をむくために約８００ミリリットルの水が必要になる。そこで雨が少ない年に対応するため、カリフォルニア大学デービス校の研究者たちは、トマトを湯通しして赤外線で皮をむく方法を開発した。

トマトソースの商業生産から出るトマトの種も問題だ。食品業界は一般に、この大量の種を廃棄物としているが、２０１７年に、スペインの研究者が種なしトマトをつくることができる重要な遺伝子を突き止めた。[10] 種がないと日持ちがよくなり、ジュースやペーストの生産にも好都合だ。だ

トマトに注射針を刺す食品研究の科学者。味をよくし、寄生虫や寒さへの耐性を高める研究が行われている。

が一方で、トマトの種には環境問題に役立つ力があることはあまり知られていない。トマト種子油は、バイオディーゼルや再生可能エネルギー源として利用できるかもしれないのだ。また、ハインツとフォード・モーター・カンパニーは、ケチャップを製造するときに出る廃棄物を使って新しいタイプのプラスチックを開発する共同プロジェクトを進めている。[11]

包装資材の開発も成長分野だ。オランダのソリダス・ソリューションズ社は、トマトの食物繊維で強度を高めた丈夫な段ボール箱を開発し、2016年のパッケージング欧州サステナビリティアワードを受賞した。[12] フランスのある企業もトマトの茎や葉を再生した素材から厚紙の包装材を開発した。この画期的な包装資材は当のトマトの容器としても使われており、2018年にはイギリスのスーパーマーケットチェーン、ウェイトローズが導入している。[13]

また、イギリスの研究機関ジョン・インズ・センターの優秀な研究者たちが、2014年にバイオテクノロジー企業、ペルセフォネ・バイオ社を立ち上げた。バイオテクノロジーを利用してトマトやオレンジなどの遺伝子組み換え果実から、肌のコンディションを整え、傷の治りを早める効果のある人気の生物活性原料をつくり出すことをめざしている。化粧品やリラクゼーション業界で使われるようだ。[14] アイスランドでは、フリーズヘイマル農場が地熱発電を利用した温室でトマトを通年栽培し、併設のレストランでトマト料理を提供している。

栽培例としては規模が小さいが、ドイツ航空宇宙センター（DLR）の野望はスケールが大きい。2018年9月、同センターは南極の温室「EDEN ISS」で野菜の収穫に成功したと発表した。火星と同じ環境を再現した温室である。[15] その翌月には、ドイツの研究用人工衛星「EU：CROPIS」が24個のトマトの種子を積んでブレーメンからカリフォルニアに向かい、そこから宇宙に飛び立った。実験の目的は、数年にわたって宇宙で暮らす宇宙飛行士のために、呼吸可能な空気と食料をつくり出すこと。水、肥料、光を自動的にトマトに与えるシステムを利用して、宇宙船内でトマトを栽培できるかどうかを試す実験を行っている。[16]

「人間が栽培するトマト」の壮大な物語は、今も続いている。

謝辞

アンドルー・F・スミスには、本書を書くにあたり最初にアドバイスをいただいたこと、彼の幅広い研究成果を快く利用させてもらえたことに深く感謝している。

訳者あとがき

トマトといえば、何を思い浮かべるだろう。サラダに彩りを加える真っ赤な野菜、お弁当にいつも入っているミニトマト、オムライスやハンバーグにたっぷりかけるケチャップ、パスタやピザに欠かせないトマトソース。真夏の家庭菜園、海外のマーケットに並ぶ色とりどりのトマトを思い出す人もいるだろう。ある調査によると、子どもの好きな野菜のトップはトマトだという。大人にとっても子どもにとっても、トマトは身近な野菜なのだ。

本書はそんなトマトがどこで誕生し、どのような歴史をたどって世界に広まったのか、食べ物として受け入れられるまでの受難の歴史、トマトの栽培の現状と課題を生き生きと描き出している。

著者のクラリッサ・ハイマンはイギリス在住のフードライターで、本書『トマトの歴史 *Tomato: A Global History*』はイギリスの Reaktion Books が刊行している The Edible Series の一冊である。さまざまな食べ物や飲み物の歴史や文化を解説した同シリーズは、２０１０年に料理とワインに関する良書を選定するアンドレ・シモン賞の特別賞を受賞している。

トマトは南アメリカのアンデス地方、現在のペルーやエクアドルが原産で、アステカ族がメキシコで栽培を始めたと言われている。大航海時代にスペインに伝わり、やがてヨーロッパ全域、北アメリカ、アジアへと広まっていった。だが「イタリアやスペインの料理といえばトマトだから、すぐに人気が出たのだろう」と思ったら大きな間違いだ。当初トマトは「毒がある」「怪しい植物」「禁断の果実」としておそれられ、食用ではなく観賞用だった。トマトが人々に愛されるようになったのは19世紀以降、ヨーロッパに伝わってからじつに３００年近くもかかったことに驚かされる。

生のみずみずしいトマトはおいしいけれど、トマトがこんなにも世界に広まったのは、トマトソースやケチャップなどの加工食品の力が大きい。著者は、イタリアで生まれたトマトの瓶詰や缶詰、アメリカの食文化を象徴するハインツのケチャップやキャンベルのスープについてもくわしく書いている。加工に適したトマトを作るために、品種改良が今も続けられているという。また、トマト生産の工業化、収穫をになう労働者の搾取の実態、気候条件に負けない栽培技術の開発についても触れている。トマトが歩んだ長い歴史とともに、トマト生産の光と影とも言える側面を知れば、これまで何気なく口にしていたトマトに違った味わいを感じられるのではないだろうか。

ここで日本のトマトについて簡単に書いておこう。日本にトマトが入ってきたのは江戸時代初期、ポルトガル人が長崎に持ち込んだと言われている。日本で最も古いトマトの絵は、徳川四代将軍・家綱《いえつな》のおかかえ絵師、狩野探幽《かのうたんゆう》の『草花写生図巻《そうかしゃせいずかん》』に「唐なすび」と題して描かれたスケッチである。当時はまだ観賞用のめずらしい植物だった。野菜として一般の人が食べるようになったのは昭和に入ってからのこと。高度経済成長期に、洋風な食生活と合わせてサラダが普及し、ケチャップなども食卓にのぼるようになった。日本人の食生活にトマトが溶け込んでから、わずか60年ほどしかたっていない。

日本のスーパーマーケットでよく見かけるトマトと言えば「桃太郎」だ。１９６０年代、都市近郊の農地が宅地化されトマトの産地が遠くなったために、トマトは完熟前に収穫され「まずい」「青臭い」と言われるようになっていた。20年の年月をかけて開発され１９８５年に発売された桃太郎トマトは、熟れてから収穫しても傷みにくい厚い果肉と甘さを両立した、日本オリジナルの品種である。今では国内シェアの7割を占める。トマトなのになぜ桃太郎？と思うが、「誰もが知っている、フルーツ感覚の名前にしたい」ということから名付けられたそうだ。日本人がトマトを生で食べることを好むのは、この桃太郎トマトのおかげかもしれない。

トマトを見かけたとき、こうしたトマトに関わる人々の努力やトマトの歴史と文化に思いをはせて、この愛すべき野菜をあらためて味わい、楽しんでいただければ幸いである。

最後に、本書を訳すきっかけを作ってくださった株式会社リベルのみなさまと、本書の訳出にあたり多くの助言をくださった原書房の中村剛さんに心より御礼申し上げる。

２０１９年10月

道本美穂

chipmunk_1 the images on pp. 10 and 11, cyclonebill the images on pp. 37 and 55, flydime the image on p. 14 and Lula Farms the image on p. 116, under conditions imposed by a Creative Commons Attribution-Share Alike 2.0 Generic license; KENPEI has published the image on p. 19 under conditions imposed by a Creative Commons Attribution-Share Alike 2.1 Japan license; Vmenkov has published the image on p. 131 under conditions imposed by Creative Commons Attribution-Share Alike 3.0 Unported, 2.5 Generic, 2.0 Generic and 1.0 Generic licenses; Assianir has published the image on p. 136, Coentor has published the image on p. 22, Guilhem Vellut the image on p. 106, Ji-Elle the image on p. 90, Leitatosaichong the image on p. 15, Marisa Pérez the image on p. 79, the Musei del Cibo della Provincia di Parma the image on p. 53, Sharon Gefen the image on p. 73, and Six Sigma the image on p. 99, under conditions imposed by a Creative Commons Attribution-Share Alike 3.0 Unported license; Samuel C Kessler has published the image on p. 115 under conditions imposed by a Creative Commons Attribution 4.0 International license; David Adam Kess has published the image on p. 126, Kjerish the image on p. 35, Schumi4ever the image on p. 113, and Varaine the image on p. 60, under conditions imposed by a Creative Commons Attribution-Share Alike 4.0 International license. Readers are free to share - to copy, distribute and transmit this image alone; or to remix - to adapt this image alone, under the following conditions: attribution - readers must attribute the image in the manner specified by the author or licensor (but not in any way that suggests that these parties endorse them or their use of the work).

写真ならびに図版への謝辞

図版の提供と掲載を許可してくれた関係者にお礼を申し上げる。

Reproduced courtesy the Agricultural Research Service (United States Department of Agriculture) : p. 8; photo © Ariadna126/ iStock International Inc.: p. 27; from Giorgio Bonelli, *Hortus Romanus juxta systema Tournefortianum Paulo . . .* (photo courtesy New York Public Library - Rare Book Division): p. 46; from *The Boston Cooking-School Magazine*, XIII/3 (October 1896): p. 105; photo © BrilliantEye/iStock International Inc.: p. 100; photo Robert Brook/Alamy Stock Photo: p. 143; photo Dorotheum: p. 42; from *The Florists' Review*, XLVII/1216 (17 March 1921): p. 109; photo Fructibus: p. 32; photo © Gorodenkoff/iStock International Inc.: p. 151; photo Gzzzz: p. 33; photo © ilbusca/iStock International Inc.: p. 61; from the *Johnson & Stokes Garden & Farm Manual* (Philadelphia, PA, 1890): p. 139; from *The Ladies' Home Journal*, LXIV/1 (January 1947): p. 88; photos Library of Congress Washington, DC, Prints and Photographs Division: pp. 92 (National Child Labor Collection), 93; photo Mary Evans Picture Library: p. 47; photo Mary Evans Picture Library/Retrograph Collection: p. 62; from Matthäus Merian, *Hispalis vulgo Sevilliæ urbis toto orbe celeberrimæ primariæ effigies Hispaniæque* (Amsterdam, 1638): p. 33; Metropolitan Museum of Art (Open Access): p. 78; from *Moore and Simon's Seed Buyers Guide and Wholesale Price List* (Philadelphia, PA, 1902): p. 110; photo mycola/Istock International Inc.: p. 13; photo courtesy the National Agricultural Library (United States Department of Agriculture) - Henry G. Gilbert Nursery and Seed Trade Catalog Collection: p. 10; from *Le Petit Journal*, no. 504 (15 July 1900): p. 47; private collections: pp. 35, 42; from James Smiley, *Smiley's Cook Book and Universal Household Guide* (Chicago, IL, 1895): p. 66; from Karl Stieler, *Italy from the Alps to Mount Etna* (London, 1877): p. 49; United States Department of the Treasury (Office of War Information), reproduced courtesy of the National Archives and Records Administration: pp. 81, 95.

jeffreyw has published the image on p. 57, Jeremy Keith the image on p. 9 and Jeremy Thompson the images on pp. 84 and 88, under conditions imposed by a Creative Commons Attribution 2.0 Generic license; Andy Melton has published the image on p. 76,

参考文献

Allen, Arthur, *Ripe: The Search for the Perfect Tomato* (Berkeley, CA, 2010)

Estabrook, Barry, *Tomatoland: How Modern Industrial Agriculture Destroyed Our Most Alluring Fruit* (Kansas City, MO, 2012)

Gentilcore, David, *Pomodoro! A History of the Tomato in Italy* (New York and Chichester, 2010)

Harvey, Mark, Stephen Quilley and Huw Beynon, *Exploring the Tomato: Transformations of Nature, Society and Economy* (Cheltenham, Glos., and Northampton, MA, 2002)

Jordan, Jennifer A., *Edible Memory: The Lure of Heirloom Tomatoes and Other Forgotten Foods* (Chicago, IL, and London, 2015)

LeHoullier, Craig, *Epic Tomatoes: How to Select and Grow the Best Varieties of All Time* (North Adams, MA, 2015)

Smith, Andrew F., *Pure Ketchup: A History of America's National Condiment* (Columbia, SC, 2012)

—, *Souper Tomatoes: The Story of America's Favorite Food* (New Brunswick, NJ, and London, 2000)

—, *The Tomato in America: Early History, Culture, and Cookery* (Urbana and Chicago, IL, 2001)

注

序章　トマトの世界は虹の国

1　Mark Harvey, Stephen Quilley and Huw Beynon, *Exploring the Tomato: Transformations of Nature, Society and Economy* (Cheltenham, Glos., and Northampton, MA, 2002), p. 103.

2　William Pritchard and David Burch, *Agri-food Globalization in Perspective: International Restructuring in the Processing Tomato Industry* (Farnham, Surrey, 2003), p. 247.

3　Harvey, Quilley and Benyon, *Exploring the Tomato*, p. 103.

第1章　トマトの起源

1　Mark Harvey, Stephen Quilley and Huw Beynon, *Exploring the Tomato: Transformations of Nature, Society and Economy* (Cheltenham, Glos., and Northampton, MA, 2002), p. 1.

2　Charles M. Rick, 'The Tomato', *Scientific American*, CCXXXIX/2 (August 1978).

3　チェリートマトはイスラエルの園芸家たちによって「発明」されたと言われることが多い。この真偽は疑わしいが，1980年代にチェリートマトが彼らの研究のおかげで大衆向けの農作物となったのは間違いない。

4　Rachel Laudan, *Cuisine and Empire: Cooking in World History* (Berkeley and Los Angeles, CA, 2013), p. 28. [『料理と帝国：食文化の世界史紀元前2万年から現代まで』レイチェル・ローダン著／ラッセル秀子訳／みすず書房／2016年]

5　Andrew F. Smith, *The Tomato in America: Early History, Culture and Cookery* (Urbana and Chicago, IL, 2001), p. 15.

6　J. A. Jenkins, 'The Origin of the Cultivated Tomato', *Economic Botany*, II/4 (1948), pp. 379-92.

7　Janet Long, 'Tomatoes', in *The Cambridge World History of Food*, ed. Kenneth F. Kiple and Kriemhild Coneè Ornelas (Cambridge, 2000), vol. II, Part 9, p. 353.

8　Sophie D. Coe, *America's First Cuisines* (Austin, TX, 1994), p. 117.

9　Long, 'Tomatoes', p. 353.

10　Ibid., p. 354.

11　Ibid., p. 353.

12 Laudan, *Cuisine and Empire*, p. 199.［『料理と帝国：食文化の世界史紀元前2万年から現代まで』レイチェル・ローダン著／ラッセル秀子訳／みすず書房／2016年］

13 Rebecca Earle, *The Body of the Conquistador: Food, Race and the Colonial Experience in Spanish America, 1492-1700*（Cambridge, 2014）, p. 146.

第2章　新世界から旧世界へ

1 J. E. Hernández Bermejo and A. Lora González, 'Processes and Causes of Marginalisation: The Introduction of American Flora in Spain', in *Neglected Crops: 1492 from a Different Perspective*, ed. J. E. Hernández Bermejo and J. León（Rome, 1994）p. 266. 初期の頃の種子は，スペイン国王が長い時間を過ごしたオーストリアの宮殿に届けられたと考えられている。J. A. Jenkins, 'The Origin of the Cultivated Tomato', *Economic Botany*, II/4（1948）, p. 383.

2 Hernández Bermejo and Lora González, 'Processes and Causes of Marginalisation', p. 267.

3 Rudolf Grewe, 'The Arrival of the Tomato in Spain and Italy: Early Recipes', *Journal of Gastronomy*, III/2（1987）.

4 Janet Long, 'Tomatoes', in *The Cambridge World History of Food*, ed. Kenneth F. Kiple and Kriemhild Coneè Ornelas（Cambridge, 2000）, vol. II, Part 9, p. 355.

5 Carolyn A. Nadeau, *Food Matters: Alonso Quijano's Diet and the Discourse of Food in Early Modern Spain*（Toronto, 2016）, p. 88.

6 Jeanne Allard, 'El Tomate: Un Largo Trayecto Hasta la Mesa', *Historia Caribe*, II/6（2001）, pp. 45-54.

7 Maríaluz López-Terrada, 'The History of the Arrival of the Tomato in Europe: An Initial Overview', www.traditom.eu/history, 2017年9月5日にアクセス。

8 Allard, 'El Tomate', pp. 45-54.

9 Nadeau, *Food Matters*, p. 90.

10 Long, Tomatoes', p. 355.

11 Vicky Hayward, *New Art of Cookery: A Spanish Friar's Kitchen*（Lanham, MD, and London, 2017）, p. 258.

12 Nadeau, *Food Matters*, p. 90.

13 López-Terrada, 'The History of the Arrival of the Tomato in Europe'.

14 George Allen McCue, 'The History of the Use of the Tomato: An Annotated Bibliography,' *Annals of the Missouri Botanical Garden*, XXXIX/4（1952）, p. 327.

15 Nadeau, *Food Matters*, p. 90.
16 López-Terrada, 'The History of the Arrival of the Tomato in Europe'.
17 Hayward, *New Art of Cookery*, p. 18.

第3章　イタリアに広まるトマト

1 植物学者のエドガー・アンダーソンによれば，16世紀に地中海東岸にトマトを普及させたのはトルコ人だという。トルコ人は1526年にトウガラシをハンガリーに持ち込んだのと同じく，イタリアやスペインの港でトマトという野菜を知り，ほかの国々に伝えた。
2 David Gentilcore, *Pomodoro! A History of the Tomato in Italy* (New York and Chichester, West Sussex, 2010), p. 1.
3 Gillian Riley, *The Oxford Companion to Italian Food* (Oxford, 2007), p. 530.
4 George Allen McCue, 'The History of the Use of the Tomato: An Annotated Bibliography,' *Annals of the Missouri Botanical Garden*, XXXIX/4 (1952), p. 295.
5 Gentilcore, *Pomodoro!*, p. 11.
6 Andrew F. Smith, *The Tomato in America: Early History, Culture, and Cookery* (Urbana and Chicago, IL, 2001), p. 21.
7 Gentilcore, *Pomodoro!*, p. 4.
8 Rudolf Grewe, 'The Arrival of the Tomato in Spain and Italy: Early Recipes', *Journal of Gastronomy*, III/2 (1987).
9 Ken Albala, *Food in Early Modern Europe* (Westport, CT, 2003), p. 32.
10 Fabio Parasecoli, *Al Dente: A History of Food in Italy* (London, 2014), p. 119.
11 Gentilcore, *Pomodoro!*, p. 48.
12 John Dickie, *Delizia!: The Epic History of the Italians and their Food* (London, 2007), p. 171.
13 Gentilcore, *Pomodoro!*, p. 57.
14 Ibid., p. 45.
15 Ibid., pp. 56-8.
16 Andrew F. Smith, *Souper Tomatoes: The Story of America's Favorite Food* (New Brunswick, NJ, and London, 2000), p. 27.
17 Piero Camporesi, *The Magic Harvest: Food, Folklore and Society* (Malden, MA, 1998), p. 127.
18 www.museidelcibio.it 参照。2017年9月5日にアクセス。
19 Gentilcore, *Pomodoro!*, p. 156.

20 Massimo Montanari, *Let the Meatballs Rest: And Other Stories About Food and Culture* (New York and Chichester, West Sussex, 2012), p. 112.
21 Camporesi, Magic Harvest, p. 128.
22 Ibid., p. 116.
23 Dave DeWitt, *Precious Cargo: How Foods from the Americas Changed the World* (Berkeley, CA, 2014), p. 174.
24 Arthur Allen, *Ripe: The Search for the Perfect Tomato* (Berkeley, CA, 2010), p. 179.

第4章　ヨーロッパの食を変えたトマト

1 Georges Gibault, *Histoire des légumes* (Chartres, 2015), p. 348.
2 Barbara Santich, 'A la recherche de la tomate perdue: The First French Tomato Recipe?', *Gastronomica*, II/2 (2002), pp. 68-71.
3 Evelyne Bloch-Dano, *Vegetables: A Biography* (Chicago, IL, and London, 2012), p. 73.
4 George Allen McCue, 'The History of the Use of the Tomato: An Annotated Bibliography', *Annals of the Missouri Botanical Garden*, XXXIX/4 (1952), pp. 313-14.
5 Ibid., p. 314.
6 Andrew F. Smith, *The Tomato in America: Early History, Culture and Cookery* (Urbana and Chicago, IL, 2001), p. 17.
7 Jonathan Roberts, *Cabbages and Kings: The Origins of Fruit and Vegetables* (London, 2001), p. 201.
8 Paul Freedman, ed., *Food: The History of Taste* (Berkeley and Los Angeles, CA, 2007), p. 213. [『〈世界〉食事の歴史：先史から現代まで』ポール・フリードマン著／南直人・山辺規子訳／東洋書林／2009年]
9 Kate Colquhoun, *Taste: The Story of Britain through its Cooking* (London, New York and Berlin, 2008), p. 266. ジェーンはトマトが大好きだったようで，姉のカサンドラ宛ての手紙でまだ残りがあるかと尋ねている。
10 Smith, *The Tomato in America*, p. 20.
11 'Love-Apple, or Tomato Berry', *The Times* (London, 22 September 1820).
12 Christopher Stocks, *Forgotten Fruits: A Guide to Britain's Traditional Fruit and Vegetables* (London, 2008), p. 208.
13 Andrew F. Smith, *Souper Tomatoes: The Story of America's Favorite Food* (New Brunswick, NJ, and London, 2000), p. 49
14 Mark Harvey, Stephen Quilley and Huw Beynon, *Exploring the Tomato: Transfor-*

mations of Nature, Society and Economy (Cheltenham, Glos., and Northampton, MA, 2002), p. 36.
15 David Gentilcore, *Pomodoro!: A History of the Tomato in Italy* (New York and Chichester, West Sussex, 2010), p. 26.
16 Stewart Lee Allen, *In the Devil's Garden: A Sinful History of Forbidden Food* (Edinburgh, 2003), p. 21.［『愛の林檎と燻製の猿と：禁じられた食べものたち』スチュワート・アレン著／渡辺葉訳／集英社／2003年］
17 Sophie Coe, *America's First Cuisines* (Austin, TX, 1999), p. 49.
18 中国では，トマトには甘みや酸味とともに体を少し冷やす性質があり，胃腸の働きを良くし，消化を促し，肝臓を浄化すると考えられている。
19 Reay Tannahill, *Food in History* (New York, 1973), p. 207.［『食物と歴史』レイ・タナヒル著／小野村正敏訳／評論社／1980年］
20 Elisabeth Rozin, *The Primal Cheeseburger* (New York, 1994), p. 98. トルコのある村でも赤い完熟トマトは「血で汚れている」と考えられており，村民は熟れていない緑色のトマトだけを食べたとロズィンは書いている。一方，エヴリーヌ・ブロック＝ダノの *Vegetables: A Biography*（P. 75）によれば，マリ共和国のバンバラ族ではトマトジュースは血の象徴ではあるが，月経血をあらわしているため多産の象徴でもあるという。女性はトマトを神に捧げ，夫婦は性交前にトマトを食べる。
21 Eliezer Segal, *Ask Now of the Days that are Past* (Calgary, 2005), p. 266.
22 Joan Nathan, *Jewish Cooking in America* (New York, 1994), p. 239.
23 Ofra Tene, 'The New Immigrant Must Not only Learn, He Must Also Forget', *Jews and their Foodways*, ed. Anat Helman (New York, 2015), p. 53.
24 Quoted in Ofra Tene, 'The New Immigrant', p. 53.

第5章 アメリカに里帰りしたトマト

1 Mark Twain, *A Tramp Abroad* (Mineola, NY, 2002), p. 278.［『マーク・トウェインコレクション8A』『マーク・トウェインコレクション8B』マーク・トウェイン著／彩流社／1996年］
2 Alfred W. Crosby, *The Columbian Exchange: Biological and Cultural Consequences of 1492* (Westport, CT, 2003), p. 64.
3 Waverley Root and Richard De Rochemont, *Eating in America: A History* (Hopewell, NJ, 1995), p. 54.
4 Ibid., p. 10.

5 Andrew F. Smith, *The Tomato in America: Early History, Culture, and Cookery* (Urbana and Chicago, IL, 2001), p. 42.

6 Andrew F. Smith, ed., *The Oxford Companion to American Food and Drink* (Oxford and New York, 2007), p. 335.

7 Smith, *The Tomato in America*, pp. 6-8.

8 Peter J. Hatch, *'A Rich Spot of Earth': Thomas Jefferson's Revolutionary Garden at Monticello* (New Haven, CT, and London, 2012), p. 157.

9 Smith, *The Tomato in America*, pp. 37-40.

10 Robert Buist, *The Family Kitchen Gardener* (Charleston, SC, 2008), pp. 125-6.

11 Smith, *The Tomato in America*, p. 41.

12 Megan J. Elias, *Food in the United States, 1890-1945* (Santa Barbara, CA, Denver, CO, and Oxford, 2009), p. 19.

13 Hasia R. Diner, *Hungering for America: Italian, Irish and Jewish Foodways in the Age of Migration* (Cambridge, MA, 2003), pp. 62-8.

14 Nicolò de Quattrociocchi, *Love and Dishes* (New York, 1950).

15 Smith, *Tomato in America*, p. 102.

16 Ibid., p. 133.

17 Ibid., p. 135.

18 Andrew F. Smith, *Souper Tomatoes: The Story of America's Favorite Food* (New Brunswick, NJ, and London, 2000), p. 37.

19 Alissa Overend, 'Cancer-fighting Foods', in *The SAGE Encyclopedia of Food Issues*, ed. Ken Albala (Thousand Oaks, London, New Delhi and Singapore, 2015), vol. I, p. 164.

20 www.mdpi.com 参照。2017年9月5日にアクセス。

21 www.sciencedaily.com/releases/2017/5参照。2017年9月5日にアクセス。

22 Susanne Grether-Beck et al., 'Molecular Evidence that Oral Supplementation with Lycopene or Lutein Protects Human Skin against Ultraviolet Radiation: Results from a Double-blind, Placebo-controlled, Crossover Study', *British Journal of Dermatology* (May 2017), CLXXVI/5.

23 Scott M. Ebert et al., 'Identification and Small Molecule Inhibition of an Activating Transcription Factor 4 (ATF4)-dependent Pathway to Age-related Skeletal Muscle Weakness and Atrophy', *Journal of Biological Chemistry*, CCXC/37 (15 October 2015), pp. 25497-551.

24 Andrew F. Smith, *Pure Ketchup: A History of America's National Condiment* (Co-

lumbia, SC, 1996), p. 140.

第6章　スープとケチャップ

1　本章の情報の多くは以下の2冊の本から得ている。*Souper Tomatoes: The Story of America's Favorite Food* (New Brunswick, NJ, and London, 2000) and *Pure Ketchup: A History of America's National Condiment* (Columbia, SC, 1996), both by Andrew F. Smith.

2　Waverley Root and Richard De Rochemont, *Eating in America: A History* (Hopewell, NJ, 1995), p. 190.

3　Susan Williams, *Food in the United States, 1820s-1890* (Westport, CT, 2006), p. 79.

4　Smith, *Souper Tomatoes*, p. 22.

5　Mark Harvey, Stephen Quilley and Huw Beynon, *Exploring the Tomato: Transformations of Nature, Society and Economy* (Cheltenham, Glos., and Northampton, MA, 2002), p. 4.

6　Harvey Levenstein, *Revolution at the Table: The Transformation of the American Diet* (Berkeley and Los Angeles, CA, and London, 2003), p. 168.

7　Elisabeth Rozin, *The Primal Cheeseburger* (New York and London, 1994), p. 101.

8　Ibid., p. 103.

9　Smith, *Pure Ketchup*, p. 43.

第7章　温室とその先の技術

1　Mark Harvey, Stephen Quilley and Huw Beynon, *Exploring the Tomato: Transformations of Nature, Society and Economy* (Cheltenham, Glos., and Northampton, MA, 2002), p. 38.

2　John Hoenig, 'A Tomato for All Seasons: Innovation in American Agricultural Production, 1900-1945', *Harvard Business History Review*, LXXXVII/3 (Autumn 2014), pp. 523-44.

3　Ibid.

4　Ibid.

5　Harvey, Quilley and Beynon, *Exploring the Tomato*, p. 84. オランダの生産者は苦情を受けて，いかにも熟れているように見せるために房採りトマト（つる付きトマト）を「考案」した。

6　Ibid., p. 102.

7 www.britishtomatoes.co.uk/environment 参照。2017年9月5日にアクセス。

8 'Tomatoes: Trends Towards 2020', Tomato Conference 2016 (Antwerp, Belgium) の資料より。

9 www.arizona.edu/hydroponictomatoes 参照。2017年9月5日にアクセス。

10 Bernard Dichek, 'Salad Bowl for the Desert', *Jerusalem Report* (22 August 2016).

11 Leah Simpson, 'How This City is Developing a Farm in the Heart of the Desert', www.theculturetrip.com, 26 September 2018.

12 Lorena Galliot, 'July 4 Barbecues Welcome Infrared Tomatoes and Meatless Meat', *The Daily Climate*, 4 July 2014.

13 www.french-news-online.com, 19 April 2015.

14 www.freshplaza.com, 28 September 2016.

15 Andrew F. Smith, *Souper Tomatoes: The Story of America's Favorite Food* (New Brunswick, NJ, and London, 2000), p. 58.

16 Hoenig, 'A Tomato for All Seasons', pp. 523-44.

17 Arthur Allen, *Ripe: The Search for the Perfect Tomato* (Berkeley, CA, 2010), p. 82; Harvey, Quilley and Beynon, *Exploring the Tomato*, p. 12.

18 Evan D. G. Fraser and Andrew Rimas, *Empires of Food: Feast, Famine, and the Rise and Fall of Civilizations* (New York and London, 2010), p. 156. [『食糧の帝国：食物が決定づけた文明の勃興と崩壊』エヴァン・D・G・フレイザー，アンドリュー・リマス著／藤井美佐子訳／太田出版／2013年]

19 Hoenig, 'A Tomato for All Seasons', pp. 523-44.

20 'New Tomato Harvest Robot GROW being Tested in the Greenhouse', www.freshplaza.com, 20 June 2018.

21 Barry Estabrook, 'Chemical Warfare', in *Tomatoland: How Modern Industrial Agriculture Destroyed Our Most Alluring Fruit* (Kansas City, MO, 2012), pp. 35-72.

22 Estabrook, 'A Penny Per Pound', in *Tomatoland*, pp. 121-38.

23 'U.S. Tomato Farm Workers March against Wendy's Fast Food Chain', www.freshplaza.com, 14 May 2018.

24 www.telesurtv.net/english/news/Italy, 29 March 2016.

25 Jane Moyo, 'Abdou, a Migrant Worker, Picks Italian Tomatoes but Barely Earns a Living', www.ethicaltrade.org, 18 December 2015; Andrew Weasley, 'Scandal of the "Tomato Slaves" Harvesting Crop Exported to the uk', www.theecologist.org, 1 September 2011.

第8章　品種，オーガニック，エアルーム

1　Andrew F. Smith, *The Tomato in America: Early History, Culture, and Cookery* (Urbana and Chicago, IL, 2011), pp. 16-17.

2　Ibid., p. 64.

3　Craig LeHoullier, *Epic Tomatoes: How to Select and Grow the Best Varieties of All Time* (North Adams, MA, 2015), p. 26.

4　Ibid., p. 43.

5　Ibid., p. 100.

6　Tomato Conference 2016 (Antwerp, Belgium) の立案者による報告。

7　'Tomatoes That Don't Rot Discovered in France', www.freshplaza.com, 7 October 2014.

8　'Abundant to Take Extreme Veggies to Market', www.sbs.com.au, 7 April 2016.

9　Dave DeWitt, *Precious Cargo: How Foods from the Americas Changed the World* (Berkeley, CA, 2014), pp. 339-41.

10　www.ewg.org/foodnews/dirty_dozen_list 参照。2017年9月5日にアクセス。

11　Barry Estabrook, *Tomatoland: How Modern Industrial Agriculture Destroyed Our Most Alluring Fruit* (Kansas City, MO, 2012), pp. 20 and 41.

12　Joanna Wood, 'Protecting uk Tomatoes the Natural Way', www.fruitnet.com, 3 April 2017.

13　Tim Stark, *Heirloom: Notes From an Accidental Tomato Farmer* (New York, 2008), p. 63.

14　www.aerogarden.com 参照。2017年9月5日にアクセス。

15　'Tomatoes for Hanging, the True Flavour of Spanish Cuisine', www.freshplaza.com, 21 August 2017. フランスのマルマンドで生まれ，スペインのアルメリアの赤土で育ったRAFトマト——甘くて歯ごたえのある有名なトマト——はヨーロッパのPGI（地理的表示保護）で保護されている。

16　Michele Anna Jordan, *The Good Cook's Book of Tomatoes* (New York, 2015), pp. 28-9.

17　Jennifer A. Jordan, *Edible Memory: The Lure of Heirloom Tomatoes and Other Forgotten Foods* (Chicago, IL, and London, 2015), p. 54.

18　Christopher Stocks, *Forgotten Fruits: A Guide to Britain's Traditional Fruit and Vegetables* (London, 2008), pp. 206-12.

19　'TX2022 tomatoes from Meridiem Seeds', www.freshplaza.com, 4 April 2017.

第9章　科学と技術

1 Mark Harvey, Stephen Quilley and Huw Beynon, *Exploring the Tomato: Transformations of Nature, Society and Economy* (Cheltenham, Glos., and Northampton, MA, 2002), p. 129.

2 www.norfolkplantsciences.com 参照。2017年9月5日にアクセス。

3 Ferris Jabr, 'Reclaiming the Lost Flavor of Heirloom Produce: Without gmos', *Scientific American* (June 2015).

4 Edward Hammond, 'Aided by Genomic Technologies, the Patent Pillage of Andean Tomato Diversity Continues', *Biopiracy Watch Briefing*, Third World Network Info Service on Biodiversity and Traditional Knowledge, 5 May 2015.

5 Jabr, 'Reclaiming the Lost Flavor', *Scientific American*.

6 Hammond, 'Aided by Genomic Technologies'; see also '65,000 × Opposition Against Syngenta Patent on Tomatoes', www.seedfreedom.info, 12 May 2016.

7 Aaron I. Velez-Ramirez et al., 'A Single Locus Confers Tolerance to Continuous Light and Allows Substantial Yield Increase in Tomato', www.nature.com, 5 August 2014.

8 'Technology Institute Devlops Tomato which becomes More Tasty Under Stress', www.freshplaza.com, 22 August 2018.

9 American Chemical Society, 'Generating Electricity with Tomato Waste', www.acs.org, 16 March 2016.

10 Pilar Rojas-Gracia et al., 'The Parthenocarpic *Hydra* Mutant Reveals a New Function for a SPOROCYTELESS-like Gene in the Control of Fruit Set in Tomato', *New Phytologist*, CCXIV/3 (May 2017), pp. 1198-12. および 'Spain: Discovery of Key Gene in the Production of Seedless Tomatoes', www.freshplaza.com, 21 April 2018.

11 Corinne Iozzio, 'Making Car Parts from Tomatoes', www.smithsonianmag.com, 18 June 2014.

12 'Cardboard Made from Tomato Plants Wins European Sustainability Prize', www.freshplaza.com, 1 September 2016.

13 'Trays Made from Recycled Tomato Plant Fibres', www.freshplaza.com, 11 January 2017.

14 'Tomatoes for Cosmetics', www.bbrsc.ac.uk, 4 August 2014.

15 Elizabeth Howell, 'Antarctica Greenhouse Produces Cucumbers, Tomatoes and More in Mars-like Test', www.space.com, 24 September 2018.

16 'A Satellite Goes on a Journey - with Tomatoes on Board', www.dlr.de/dlr/en, 18 October 2018.

レシピ集

いまや，国中の畑でトマトが育ち，料理書にはトマトを使ったレシピがたくさん掲載されている。だが残念ながら，ほとんどのレシピは凝りすぎている。トマトには，牡蠣と同じく，独特な，おいしい，自然な風味があるのだから，シンプルな料理がいちばんだ。手を加えすぎるとトマトの味が消えてしまう。トマトのマッシュルーム詰めなどには，上品で繊細なトマトの味は感じられない。——雑誌『ホテルの世界 *The Hotel World*』1895年12月より

◉スペイン風トマトソース（1692年）

『美食ジャーナル *Journal of Gastronomy*』III-2（1987年）のルドルフ・グレーヴェ著『スペインとイタリアへのトマトの到来——初期のレシピ』より。

アントニオ・ラティーニのこのソースは，きざんだ生のトマト，タマネギ，トウガラシを油と塩，コショウで味つけする。どちらかというと調味料だが，今日のサルサに驚くほど似ている。

1. 熟れたトマト（6個）を火であぶり，表面が焼けたら丁寧に皮をむく。
2. トマトを包丁できざむ。
3. みじん切りにしたタマネギとトウガラシ（適量）を加え，さらに少量のタイムを加える。
4. かき混ぜてから，少量の塩，油，酢で味をととのえる。煮込み料理や，何にでも使えるおいしいソースのできあがり。

タラ料理

18世紀のふたつのレシピを紹介しよう。ひとつめのアルタミラスの料理は，驚くほど現代的だ。それに対して，ハナー・グラスの料理は少し魅力に欠けるかもしれない。当時のイギリス人は「スペイン料理には，とにかく油とニンニクを使えばよい！」と誤解していたのだろう。

◉タラのトマト添え

フアン・アルタミラス著『スペイン料理の最新レシピ集 *Nuevo arte de cocina*』（1747年）より。

1. タマネギと多めのトマトを炒める。
2. 深鍋の底にタラを数切れのせ，その上にトマト，パセリ，コショウ，つぶしたニンニクを重ねて火にかける。トマトがスパイスの代わりをしてくれるので，ほかのスパイスは使わない。
3. おいしい料理のできあがり。一年中

トマトを保存する方法は最後に紹介しよう。

◉タラのスペイン風

ハナー・グラス著『料理の技術——シンプルに楽につくる *The Art of Cookery, Made Plain And Easy*』(1774年)より。

1. タラをきれいに洗って水気をふき取り，丁寧に焼く。
2. 深めの鍋に油(約140*ml*)を入れ，メース(ナツメグの皮)，クローブ，ナツメグ，塩，コショウ，ニンニク2片，酢で味をつける。トマトの旬の季節なら，トマトを適量加える。
3. 鍋に焼いたタラを入れて蓋をする。
4. 弱火で30分間煮込む。

◉子羊の頭と足の煮込み(1824年)

メアリー・ランドルフは『バージニアの主婦 *Virginia Housewife*』という著書のなかでトマトを使ったレシピを多数紹介し，新境地を開いた。「ランドルフはその後30年間のトマト料理の基礎をつくった」と，アンドルー・F・スミスは言う。イギリスのシェフ，ファーガス・ヘンダーソンが提唱する「鼻先から尻尾まで食べ尽くす(Nose to Tail Eating)」運動にも，このレシピはぴったりあてはまる。

1. 子羊の頭，足，舌，心臓を丁寧に洗い，やわらかくなるまでゆでる。
2. 両目がついた頭から肉をそぎ落とす。舌と心臓はきざむ。
3. 足をふたつに裂き，頭の肉ときざんだ舌と心臓と一緒に，良質のグレイビーソース(約570*ml*)の鍋に入れる。適量の塩，コショウ，トマトケチャップまたは熟れたトマトで味つけする。
4. やわらかくなり，グレイビーソースが煮詰まるまで煮込む。
5. 薄切りにした肝臓をのせ，上から直火であぶる。
6. 揚げたパセリと，カリカリに焼いてねじったベーコン(少量)を飾る。

◉チェルシーソース

映画『若草の頃 *Meet Me in St Louis*』(1944年)では，20世紀初頭のアメリカの生活が垣間見られる。家族がキッチンでケチャップづくりの仕上げに取りかかり，「すっぱすぎる」「甘すぎる」「味に深みがない」などと言い合うシーンがある。全員が納得したらケチャップをガラス瓶に入れる。食品会社がケチャップ——自家製のものより濃厚でなめらかで，砂糖と酢がたっぷり入っていた——を売り出すまで，人々はもっとさらさらした液体状のケチャップをつくっていた。

雑誌『グッドハウスキーピング *Good*

Housekeeping』（1886年5月）のレシピを紹介しよう。著者は，「試しにつくってじっくり味わってみたところ」トマトケチャップよりおいしかった，と書いている。

熟れたトマト…24個
タマネギ…8個
トウガラシ…6個
良質の酢…8カップ
砂糖…大さじ8
塩…スプーン山盛り8杯
シナモン…スプーン山盛り1杯
オールスパイス…大さじ1
ナツメグ…1個
クローブ…スプーン山盛り1杯

1. すべての材料を混ぜ合わせて煮込む。
2. 熱いうちに瓶に入れて，密封する。

……………………………………………

◉独立記念日のサラダ

クリスティン・ターヒューン・ヘーリック著『現代の料理と家事の総合レシピ集　第4巻　野菜・果物・シリアル，パン・ケーキ，サラダ・野菜の甘酢漬け，アイスクリーム・ペストリー・その他のデザート *Consolidated Library of Modern Cooking and Household Recipes - Book IV : Vegetables, Fruits and Cereals; Bread and Cakes; Salads and Relishes; Ices, Pastry, and Other Desserts*』（ニューヨーク，1904年）より。

19世紀初め，トマトはたいてい加熱して食べていた。何時間も煮込むことも多かった。トマトには毒があるという懸念が根強く残っていたからかもしれない。だが，当時は安心して飲めるきれいな飲料水がなかったことから，クリストファー・ストックスは別の見方をしている。「現代のわたしたちが発展途上国に行ったときに言われるのと同じだと思う。洗っただけの食べ物より，加熱した食べ物のほうが安全というわけだ」

それから半世紀後，生のトマトはサラダの主役になった。アメリカの中流家庭の食卓でサラダは欠かせない存在になっていた。1905年に家政経済学者のクリスティン・ヘーリックは「サラダは食事の大事な脇役だ。すべてが完璧な夕食でも，おいしいサラダがなければ台無しだ」と書いている。だが，初期の頃のサラダは一般にメインの材料（レタス，キュウリ，トマトなど）をひとつだけ入れて，油かマヨネーズで和えた程度のものだった。

アメリカ独立記念日をテーマにしたサラダで己の愛国心を証明したい——そんな人のためにヘーリックはこのレシピを考案した。星条旗の青色にふさわしい食材が見つからないため，代わりに青い皿を使った。

1. レタスの白い芯を星条旗の星に見立てて盛りつける。青い皿か浅めのボールに，レタスの葉を小さな鳥の巣のよ

うに丸めて散らす。
2. 丸いミニトマトを湯むきして冷やしておく。
3. レタスのそれぞれの巣の中にミニトマトを置く。
4. 赤くて丸いラディッシュを飾り切りする（所々に切り込みを入れて白い部分が見えるようにする）。皿のへりに飾る。
5. フレンチドレッシングをかける。

……………………………………………

◉プーレ・クレオール――鶏肉のおいしい料理法

20世紀初頭のアメリカの新聞『サンフランシスコ・コール』（1912年12月）に掲載された，ジョー・デンクスのレシピより。少し手を加えれば現代にも通じるレシピになる。

良質の鶏…2羽
バター…大さじ2
小麦粉…大さじ2
生のトマト…6個
生のピーマン…6個
ニンニク…2片
大きめのタマネギ…6個
タイム…3枝
パセリ
ベイリーフ…2枚
コンソメスープ…約570ml
塩，コショウ（味をととのえるため）

1. 鶏肉を丁寧に洗い，関節のところでぶつ切りにする。塩，コショウで下味をつける。
2. 鍋にバターを入れて火にかけ，溶けたら鶏肉を入れる。
3. 鶏肉に焼き色がつくまで，ゆっくり15分ほど焼く。
4. タマネギを薄切りにし，鶏肉の鍋に加えて一緒に炒める（万遍なく焼き色をつけるが，焦がさないよう注意する）。
5. 小麦粉を加えて炒める。
6. 薄切りにしたトマトを加えて炒めたら，ことこと煮える火加減でじっくり火を通す（沸騰させない）。
7. 粗くきざんだパセリ，タイム，ベイリーフ，みじん切りしたニンニクを入れる。
8. 焦がさないように炒めて，蓋をして弱火で煮る。トマトの果汁でおいしいグレイビーソースができる。
9. ピーマンの種を取り，細めの薄切りにして鍋に加える。
10. よくかき混ぜて蓋をして20分以上煮る。焦がさないよう，ときどきかき混ぜる。
11. 20分間煮たら，コンソメスープを加える。
12. 弱火で火加減を変えずに1時間じっくり煮込む。
13. 味をととのえて，さらに数分加熱して熱々を供する。

……………………………………………

◉トマトオムレツ

1949年にロンドンで出版されたネル・ヒートンとアンドレ・シモンの著書『食とワインの12か月 *A Calendar of Food and Wine*』。月ごとにわかれた章で，旬の食べ物，自然，詩を紹介し，ワインへの思いを語った本である。シンプルでほっとするこの11月のレシピは，毎日が飛ぶように過ぎていく晩秋の，軽めの昼食や夜食にぴったりの料理だ。

1. トマト（3個）を湯むきし，薄切りにする。
2. 卵（2〜3個）をかき混ぜて塩，コショウで味つけする。
3. フライパンを火にかけて，卵がこびりつかないようバターを十分溶かしてから卵液を注ぐ。
4. 真ん中にトマトを並べて，卵を折り重ねる。
5. 皿に盛り，クレソンの枝を添えて供する。

………………………………………

◉トマトスープスパイスケーキ

トマトスープケーキは1920年代から30年代にレシピが広まって以来，アメリカの伝説的なデザートになった。世界恐慌の時代の倹約精神を反映した料理で，材料がよくわかっていないため「ミステリーケーキ」とも呼ばれる。基本的なケーキの生地にスパイスで刺激を加え，牛乳，油，他の乳製品を使う代わりにトマトスープを加えることで生地がしっとりする。その人気は今でも衰えていない。

キャンベル・スープは1940年にオリジナルのトマトスープケーキを発表した。初めは脂肪分の少ないイギリス風の蒸しプディングだったが，やがてケーキのようなものに進化した。バターの配給が減るにつれて，レシピは豪華になった。仕上げのクリームチーズのフロスティングは1970年代に登場したが，今ではのせるほうが一般的だ。

この料理は1966年頃のものだが、時代を超えた味だ！

濃縮トマトスープの缶詰…1缶（キャンベルの缶詰がおすすめ）
重曹…小さじ1
グラニュー糖…1カップ（180*g*）
卵…2個
バター…75*g*（⅓カップ）＋焼き型に塗るために少量
シナモンの粉末…小さじ1
クローブの粉末…小さじ½
塩
小麦粉…200*g*（カップ1½）
ベーキングパウダー…小さじ4
レーズン…150*g*（1カップ）
クリームチーズ（やわらかくしたもの）…230*g*（8オンスのチーズを1個）
牛乳…大さじ2
バニラエキス…小さじ1
アイシングシュガー…500*g*（4カップ）

1. オーブンを175℃で予熱する。長方形（縦30センチ，横23センチ）の焼

き型にバターを塗る。

2. ボールにトマトスープと重曹を混ぜ合わせて置いておく。
3. 砂糖，卵，バター，スパイス，塩（ひとつまみ）をクリーム状に練る。そこに2のスープを加える。
4. 小麦粉とベーキングパウダーをふるって加え，レーズンを入れてよく混ぜる。
5. 焼き型に流し込み，40分間（あるいは竹串をさして生地がついてこなくなるまで）焼く。
6. 焼きあがったら皿かワイヤーラックの上で冷ます。
7. クリームチーズ，牛乳，バニラエキスをクリーム状になるまでかき混ぜる。
8. 7のボールに，アイシングシュガーをゆっくりふるい入れながら混ぜる。アイシングが適当な硬さになったら，ケーキの上にかける。

◉トマトのツナ詰め焼き——パブロ・ネルーダの『トマトへのオード』（1954年）を称えて

チリの詩人，ネルーダは，ありふれた食べ物に捧げる頌歌を数多く書いた。ツナ，レモン，真珠のようなタマネギ，ひすい色をしたアーティチョーク，真っ赤なトマト——。こうした食べ物を使って人間の経験を表現し，日常を非日常に変えて見せた。

（4人分）

熟れた大きなビーフステーキトマト…2個
赤タマネギ…½個（細かくきざむ）
ツナのオリーブオイル漬けの缶詰…1缶（200gまたは1カップ）（水気を切ってフレーク状にする）
セロリのスティック…½本（細かくきざむ）
イタリアンパセリ…大さじ½（細かくきざむ）
レモン汁…大さじ1
マヨネーズ…大さじ2
ディジョンのマスタード…大さじ1
オリーブオイル
塩，コショウ
パルメザンの粉チーズ

1. オーブンを200℃で予熱する。
2. トマトの上部を切り落とし横半分に切り，スプーンで種と果汁をくりぬく（あとで使うので取っておく）。水気を切るために逆さまにして置いておく。
3. 少量のオリーブオイルで，タマネギを透明になるまで約5分間炒める。
4. 炒めたタマネギを冷ましたら，ツナ，セロリ，パセリ，レモン汁と混ぜ合わせる。しっとりさせるために，取っておいたトマトの種と果汁を適量加える。
5. マヨネーズ，マスタード，塩，コショウで味つけする。
6. トマトのくりぬいた部分に具材を詰めて，パルメザンチーズをかける。
7. 天板に置いて，オーブンで15分間焼く。

◉やみつきトマトサラダ

この有名なサラダは，ウェッソン食用油の宣伝用に，1951年につくられた。ウェッソン食用油は，1889年にテネシー州メンフィスで生まれた綿実油のブランドである。

1. 赤く熟れたトマト（6個）をくし切りか薄切りにする。
2. トッピングにマイルドオニオン（1個分），お好みできざんだパセリ（適量）とケイパー（大さじ2）を振りかける。
3. 1分でできるドレッシングを以下に紹介する。簡単に味を変えることもできる。シンプルなトマトサラダが毎日違う味になるのは驚きだ。

◉1分でできるウェッソン・フレンチドレッシング

（ドレッシングカップ½杯分）
塩…小さじ½
砂糖…小さじ¼
コショウ…小さじ⅛
トウガラシ…小さじ⅛
ウェッソン食用油…カップ⅓
酢またはレモン汁…大さじ2

すべての材料を瓶に入れて，蓋をしてよく振る。再度振ってからサラダにかける。

簡単バリエーション：セロリシードドレッシング：ウェッソンドレッシング（カップ½）に，砂糖（小さじ2），セロリシード（小さじ¼），ケチャップ（大さじ1）を加える。ニンニクをこすりつけたバタークラッカー（4枚）を砕いて，ドレッシングに加える（果物や野菜サラダにも合う）。

チリドレッシング：ウェッソンドレッシング（カップ½）に，砂糖（小さじ½），チリソース（大さじ2）を加える（野菜サラダ，肉サラダ，海鮮サラダにも合う）。

◉カリフォルニア産アボカドのオープンサンドイッチ

「おかしな組み合わせで大人気」というキャッチフレーズの広告から1974年に生まれたレシピで，このサンドイッチは「この年の意外なヒット商品」になった。広告コピー風に言えば，カリフォルニア産アボカドのまろやかでナッツのような風味とオレアイダ社のハッシュドポテトの素朴な食感が合わさり「魅力的な味」のサンドイッチになったのだ。

（4人分）
オレアイダ社のハッシュドポテト（細切りポテト）…1袋
熟れた大きなカリフォルニア産アボカド…1個（皮をむいて薄切りにする）
アメリカンチーズまたはチェダーチー

ズ…4枚（細かくきざむ）
油…大さじ3
塩，コショウ
トマト…大きめなら1個，小さめなら2個

1. フライパンに油を入れて熱し，ハッシュドポテトを入れる。こんがり色づくまで焼いたら，丁寧に裏返して両面を焼く。
2. 塩，コショウで味つけして，フライパンから出してグリルの皿にのせる。
3. ハッシュドポテトの上にトマトとアボカドを交互に重ねる。
4. チーズを振りかけて，グリルでチーズが溶けるまで3～4分間焼く。
5. ハッシュドポテトを半分に切り分け，熱々を供する。

……………………………………………

◉フライドグリーントマト

アメリカ南部を象徴する伝統料理と見られがちなこの料理だが，食の歴史研究家ロバート・モスによると，フライドグリーントマトは19世紀末――同名の映画で世界的に有名になるずっと前――には，アメリカ北東部や中西部にも広まっていたようだ。だが今回は，そのイタリア風バージョンを紹介しよう。

トマトのなかには，熟れてもずっと緑色のままのものがある。普通のトマトは熟れる前は緑色で，完熟すると赤くなる。熟れる前の緑色のトマトを食べることもできる――すっぱい味が魅力的だ。以下のレシピは，硬い食感であればどちらのグリーントマトでもできる。

（4～6人分）
大きいグリーントマト…6個
小麦粉…125g（1カップ）
卵…4個
ビール…90ml（⅓カップ）
乾燥パン粉…300g（3カップ）
オリーブオイル（揚げ油）…500ml（2¼カップ）
塩

1. 卵とビールを混ぜて，浅い皿に注ぐ。別の皿を2枚用意し，それぞれ小麦粉とパン粉を入れる。
2. トマトを厚さ1cmに切り，キッチンペーパーで水気をふき取る。
3. 小麦粉，卵液，パン粉の順にトマトに衣をつける。もう一度，卵液，パン粉の順に衣を重ねづけする。
4. 油を熱し，一度にトマトを数個ずつ10分程度揚げる。キッチンペーパーで油を切り，塩をまぶす。
5. 油に衣用生地が浮いている場合は，取り除いてから次のトマトを揚げる。熱々を供する。

……………………………………………

◉フルーマン家の至高のオランダ風トマトスープ

オランダとトマトスープの関係は，

チューリップとアムステルダムの関係に似ている。どんな家庭にも「我が家のトマトスープ」のレシピがある。以下に載せるのは，故ジョン・フルーマンにまでさかのぼるわたしの家のレシピだ。トマトスープの決定版と自信を持っておすすめする。オランダの温室栽培トマトのかつての悪評をくつがえすおいしいレシピである。

（4人分）
トマト…1.5*kg*
ネギ…1本（薄切り）
（冬の）ニンジン…1本（薄切り）
タマネギ…大きめなら2個，小さめなら3個
ジャガイモ…1個（皮をむいて小さく切る）
ニンニク…2片（みじん切り）
ベイリーフ…2枚
つぶしたコショウの実
タイム…少量
トマトピューレの缶詰…1缶（100*g*または⅓カップ）
バターまたはマーガリン…40*g*（大さじ3）
水とビーフストック（適量）
スモークベーコン…1切れ（100*g*または¾カップ）
スープに入れる小さなミートボールをつくるための牛ひき肉…250*g*(1カップ)（加えて，卵1個分の卵液，パン粉，タイム，オレガノ，塩，コショウが必要）
そして，たっぷりの忍耐力と愛。

1. 沸騰した湯にトマトを30秒間浸してから，皮をむく。トマトを小さく切る。
2. 大きめなら1個，小さめなら2個のタマネギを小さく切る。残りのタマネギはあとで使うので取っておく。
3. 大きな鍋にバター（あとで使うために少量残しておく）を溶かし，ネギ，ニンジン，切ったタマネギ，ニンニクを入れる。
4. 照りが出るまで5分間炒める。ベイリーフ，コショウの実，タイム，トマトピューレを加える。
5. 数分間煮たら，トマトとジャガイモを加える。すべての具材がやわらかくなって煮崩れるまで，弱火で煮込む。
6. 鍋の中身をすべてミキサーにかけるか，裏ごしする。
7. 鍋に戻し，スープの濃さを見ながら適量の水とビーフストックを加える（濃厚なスープが好みなら入れすぎないようにする。最後に足すこともできる）。
8. 残りのタマネギとベーコンを細かく切り，残りのバターでカリカリになるまで炒める。スープに加える。
9. 小さなミートボール（直径1*cm*程度）をつくり，バターで優しく炒めて，スープに加える。
10. すぐ食べられるが，翌日まで置くともっとおいしくなる。

◉トマト・ア・ラ・リュシー

ジョゼフ・デルテイユ著『旧石器時代の料理 *La Cuisine paléolithique*』（シャルトル，2007年）より。

世界でもっとも見事なトマトのレシピである。

1. 完全に丸いトマトを何個か用意し，皮をむく。
2. トマトを鍋に入れ，中火で煮る。半分火が通ったところ（火が通りすぎず生でもない状態）で火を止める。これが大事だ。トマトの表面はサビ茶色になっても，芯は生のまま――頬は燃えても心はクールなままの状態がよい。
3. 最後にきざんだパセリとニンニクをたっぷり振りかける。
4. 皿に盛りつけ，トマトの汁を上からかける。一口食べれば，アラビアンナイトの主人公の気分になる。

トマトの保存法――風味を殺さない

「イギリス人はなぜトマトを『殺して』しまうんだ？」と，イタリア人のトマト生産者から尋ねられたことがある。犯罪シーンで血のように飛び散るトマトはさておき，彼が言っていたのは，トマトを冷蔵庫に入れる習慣のことだ。

「トマトは買ったらすぐ食べる」のがイタリア人の世界観だ，と彼は言った。たしかにそれは正しいかもしれない。品種，栽培方法，季節，保存条件の違いはあるにしても，トマトや一部の果物は冷蔵庫に入れると風味が落ちてしまう。新鮮な香りや味をつくり出す酵素の働きが止まってしまうからだ。

だが，完熟した生のトマトは，腐らないようにするには冷蔵庫に入れる必要があるかもしれない。食のコミュニティサイト「シリアス・イーツ」は，質の良い，旬の時期の摘みたてトマトは冷蔵庫に入れてもよいという興味深い調査結果を報告した。質の悪い，熟れていないトマトは，冷蔵庫に入れると味が落ちるそうだ。

とりあえず，イタリア人が大嫌いでないかぎり――半分に切ったトマトをラップに包んで置いておくのは，やめたほうがよいだろう。

クラリッサ・ハイマン（Clarissa Hyman）
旅と食べ物を専門とするフリーのライターとして，食べ物，料理，文化をテーマにした本を出版している。フードライターとして多数の受賞歴があり，権威あるグレンフィディック・フードライター賞を過去2回受賞。マンチェスター在住。著書多数。邦訳書は『「食」の図書館　オレンジの歴史』がある。

道本美穂（みちもと・みほ）
東京大学文学部社会学科卒業。英語翻訳者。おもにビジネス・法務分野の翻訳を手がける。ロンドンに6年間在住経験がある。

「食《しょく》」の図書館《としょかん》

トマトの歴史《れきし》

●

2019 年 *10* 月 *25* 日　第 *1* 刷

著者……………クラリッサ・ハイマン
訳者……………道本美穂《みちもとみほ》
装幀……………佐々木正見
発行者……………成瀬雅人
発行所……………株式会社原書房

〒 160-0022 東京都新宿区新宿 1-25-13
電話・代表 03(3354)0685
振替・00150-6-151594
http://www.harashobo.co.jp

印刷……………新灯印刷株式会社
製本……………東京美術紙工協業組合

ISBN 978-4-562-05657-6, Printed in Japan

ウイスキーの歴史 《「食」の図書館》

ケビン・R・コザー／神長倉伸義訳

ウイスキーは酒であると同時に、政治であり、経済であり、文化である。起源や造り方をはじめ、厳しい取り締まりや戦争などの危機を何度もはねとばし、誇り高い文化にまでなった奇跡の飲み物の歴史を描く。2000円

豚肉の歴史 《「食」の図書館》

キャサリン・M・ロジャーズ／伊藤綺訳

古代ローマ人も愛した、安くておいしい「肉の優等生」豚肉。豚肉と人間の豊かな歴史を、偏見／タブー、労働者などの視点も交えながら描く。世界の豚肉料理、ハム他の加工品、現代の豚肉産業なども詳述。2000円

サンドイッチの歴史 《「食」の図書館》

ビー・ウィルソン／月谷真紀訳

簡単なのに奥が深い…サンドイッチの驚きの歴史！「サンドイッチ伯爵が発明」説を検証する、鉄道・ピクニックとの深い関係、サンドイッチ高層建築化問題、日本の総菜パン文化ほか、楽しいエピソード満載。2000円

ピザの歴史 《「食」の図書館》

キャロル・ヘルストスキー／田口未和訳

イタリア移民とアメリカへ渡って以降、各地の食文化に合わせて世界中に広まったピザ。本物のピザとはなに？世界中で愛されるようになった理由は？　シンプルに見えて実は複雑なピザの魅力を歴史から探る。2000円

パイナップルの歴史 《「食」の図書館》

カオリ・オコナー／大久保庸子訳

コロンブスが持ち帰り、珍しさと栽培の難しさから「王の果実」とも言われたパイナップル。超高級品、安価な缶詰、トロピカルな飲み物など、イメージを次々に変えて世界中を魅了してきた果物の驚きの歴史。2000円

（価格は税別）

ソースの歴史《「食」の図書館》
メアリアン・テブン著　伊藤はるみ訳

高級フランス料理からエスニック料理、B級ソースまで…世界中のソースを大研究！　実は難しいソースの定義、進化と伝播の歴史、各国ソースのお国柄、「うま味」の秘密など、ソースの歴史を楽しくたどる。

２２００円

水の歴史《「食」の図書館》
イアン・ミラー著　甲斐理恵子訳

安全な飲み水の歴史は実は短い。いや、飲めない地域は今も多い。不純物を除去、配管・運搬し、酒や炭酸水として飲み、高級商品にもする…古代から最新事情まで、水の驚きの歴史を描く。

２２００円

オレンジの歴史《「食」の図書館》
クラリッサ・ハイマン著　大間知知子訳

甘くてジューシー、ちょっぴり苦いオレンジは、エキゾチックな富の象徴、芸術家の霊感の源だった。原産地中国から世界中に伝播した歴史と、さまざまな文化や食生活に残した足跡をたどる。

２２００円

ナッツの歴史《「食」の図書館》
ケン・アルバーラ著　田口未和訳

クルミ、アーモンド、ピスタチオ…独特の存在感を放つナッツは、ヘルシーな自然食品として再び注目を集めている。世界の食文化にナッツはどのように取り入れられていったのか。多彩なレシピも紹介。

２２００円

ソーセージの歴史《「食」の図書館》
ゲイリー・アレン著　伊藤綺訳

古代エジプト時代からあったソーセージ。原料、つくり方、食べ方…地域によって驚くほど違う世界中のソーセージの歴史。馬肉や血液、腸以外のケーシング（皮）などの珍しいソーセージについてもふれる。

２２００円

（価格は税別）

脂肪の歴史《「食」の図書館》
ミシェル・フィリポフ著　服部千佳子訳

絶対に必要だが嫌われ者…脂肪。油、バター、ラードほか、おいしさの要であるだけでなく、豊かさ（同時に「退廃」）の象徴でもある脂肪の驚きの歴史。良い脂肪／悪い脂肪論や代替品の歴史にもふれる。　２２００円

バナナの歴史《「食」の図書館》
ローナ・ピアッティ＝ファーネル著　大山晶訳

誰もが好きなバナナの歴史は、意外にも波瀾万丈。栽培の始まりから神話や聖書との関係、非情なプランテーション経営、「バナナ大虐殺事件」に至るまで、さまざまな視点でたどる。世界のバナナ料理も紹介。　２２００円

サラダの歴史《「食」の図書館》
ジュディス・ウェインラウブ著　田口未和訳

緑の葉野菜に塩味のディップ…古代のシンプルなサラダがヨーロッパから世界に伝わるにつれ、風土や文化に合わせて多彩なレシピを生み出していく。前菜から今ではメイン料理にもなったサラダの驚きの歴史。　２２００円

パスタと麵の歴史《「食」の図書館》
カンタ・シェルク著　龍和子訳

イタリアの伝統的パスタについてはもちろん、悠久の歴史を誇る中国の麵、アメリカのパスタ事情、アジアや中東の麵料理、日本のそば／うどん／即席麵など、世界中のパスタと麵の進化を追う。　２２００円

タマネギとニンニクの歴史《「食」の図書館》
マーサ・ジェイ著　服部千佳子訳

主役ではないが絶対に欠かせず、吸血鬼を撃退し血液と心臓に良い。古代メソポタミアの昔から続く、タマネギやニンニクなどのアリウム属と人間の深い関係を描く。暮らし、交易、医療…意外な逸話を満載。　２２００円

（価格は税別）

カクテルの歴史 《「食」の図書館》

ジョセフ・M・カーリン著　甲斐理恵子訳

氷やソーダ水の普及を受けて19世紀初頭にアメリカで生まれ、今では世界中で愛されているカクテル。原形となった「パンチ」との関係やカクテル誕生の謎、ファッションその他への影響や最新事情にも言及。　２２００円

メロンとスイカの歴史 《「食」の図書館》

シルヴィア・ラブグレン著　龍和子訳

おいしいメロンはその昔、「魅力的だがきわめて危険」とされていた!?　アフリカからシルクロードを経てアジア、南北アメリカへ…先史時代から現代までの世界のメロンとスイカの複雑で意外な歴史を追う。　２２００円

ホットドッグの歴史 《「食」の図書館》

ブルース・クレイグ著　田口未和訳

ドイツからの移民が持ち込んだソーセージをパンにはさむ――この素朴な料理はなぜアメリカのソウルフードにまでなったのか。歴史、つくり方と売り方、名前の由来ほか、ホットドッグのすべて！　２２００円

トウガラシの歴史 《「食」の図書館》

ヘザー・アーント・アンダーソン著　服部千佳子訳

マイルドなものから激辛まで数百種類。メソアメリカで数千年にわたり栽培されてきたトウガラシが、スペイン人によってヨーロッパに伝わり、世界中の料理に「なくてはならない」存在になるまでの物語。　２２００円

キャビアの歴史 《「食」の図書館》

ニコラ・フレッチャー著　大久保庸子訳

ロシアの体制変換の影響を強く受けながらも常に世界を魅了してきたキャビアの歴史。生産・流通・消費についてはもちろん、ロシア以外のキャビア、乱獲問題、代用品、買い方・食べ方他にもふれる。　２２００円

（価格は税別）

ジンの歴史《「食」の図書館》

レスリー・J・ソルモンソン著　井上廣美訳

オランダで生まれ、イギリスで庶民の酒として大流行。やがてカクテルのベースとして不動の地位を得たジン。今も進化するジンの魅力を歴史的にたどる。新しい動き「ジン・ルネサンス」についても詳述。　２２００円

バーベキューの歴史《「食」の図書館》

J・ドイッチュ／M・J・イライアス著　伊藤はるみ訳

たかがバーベキュー。されどバーベキュー。火と肉だけのシンプルな料理ゆえ世界中で独自の進化を遂げたバーベキューは、祝祭や政治等の場面で重要な役割も担ってきた。奥深いバーベキューの世界を大研究。　２２００円

トウモロコシの歴史《「食」の図書館》

マイケル・オーウェン・ジョーンズ著　元村まゆ訳

九千年前のメソアメリカに起源をもつトウモロコシ。人類にとって最重要なこの作物がコロンブスによってヨーロッパへ伝えられ、世界へ急速に広まったのはなぜか。食品以外の意外な利用法も紹介する。　２２００円

ラム酒の歴史《「食」の図書館》

リチャード・フォス著　内田智穂子

カリブ諸島で奴隷が栽培したサトウキビで造られたラム酒。有害な酒とされるも世界中で愛され、現在では多くのカクテルのベースとなり、高級品も造られている。多面的なラム酒の魅力とその歴史に迫る。　２２００円

ピクルスと漬け物の歴史《「食」の図書館》

ジャン・デイヴィソン著　甲斐理恵子訳

浅漬け、沢庵、梅干し。日本人にとって身近な漬け物は、古代から世界各地でつくられてきた。料理や文化としての発展の歴史、巨大ビジネスとなった漬け物産業、漬け物が食料問題を解決する可能性にまで迫る。　２２００円

（価格は税別）

ジビエの歴史　《「食」の図書館》

ポーラ・ヤング・リー著　堤理華訳

古代より大切なタンパク質の供給源だった野生動物の肉ジビエ。やがて乱獲を規制する法整備が進み、身近なものではなくなっていく。人類の歴史に寄り添いながらも注目されてこなかったジビエに大きく迫る。　**２２００円**

牡蠣の歴史　《「食」の図書館》

キャロライン・ティリー著　大間知　知子訳

有史以前から食べられ、二千年以上前から養殖もされてきた牡蠣をめぐって繰り広げられてきた濃厚な歴史。古今東西の牡蠣料理、牡蠣の保護、「世界の牡蠣産業の救世主」日本の牡蠣についてもふれる。　**２２００円**

ロブスターの歴史　《「食」の図書館》

エリザベス・タウンセンド著　元村まゆ訳

焼く、茹でる、汁物、刺身とさまざまに食べられるロブスター。日常食から贅沢品へと評価が変わり、現在は人道的に息の根を止める方法が議論される。人間の注目度にふりまわされるロブスターの運命を辿る。　**２２００円**

ウオッカの歴史　《「食」の図書館》

パトリシア・ハーリヒー著　大山晶訳

安価でクセがなく、汎用性が高いウオッカ。ウォッカはどこで誕生し、どのように世界中で愛されるようになったのか。魅力的なボトルデザインや新しい飲み方についても解説しながら、ウォッカの歴史を追う。　**２２００円**

キャベツと白菜の歴史　《「食」の図書館》

メグ・マッケンハウプト著　角敦子訳

大昔から人々に愛されてきたキャベツと白菜。育てやすくて栄養にもすぐれている反面、貧者の野菜とも言われてきた。キャベツと白菜にまつわる驚きの歴史、さまざまな民族料理、最新事情を紹介する。　**２２００円**

（価格は税別）